Mein letzter Tampon

Monika von Ramin

Mein letzter Tampon

Wenn böse Mädchen in die Jahre kommen

Eichborn

1 2 3 4 06 05

Umschlaggestaltung: Christina Hucke,
Lektorat: Doris Engelke
Layout: Susanne Reeh
Gesamtherstellung: Fuldaer Verlagsanstalt, Fulda

ISBN 3-8218-5606-8

Verlagsverzeichnis schickt gern:
Eichborn Verlag, Kaiserstr. 66, D-60329 Frankfurt am Main
www.eichborn.de

Dein erster Schweißausbruch ist schon eine Weile her. Bis jetzt hast du mit Riesenschritten, ohne zu wanken, auf High Heels die Welt erobert. In letzter Zeit trägst du manchmal freiwillig diese herrlich weichen Flachtreter. Und morgens um halb vier fragst du dich, warum die Welt, von der du immer geglaubt hast, dass sie dir zu Füßen liegt, plötzlich so viele Fußtritte für dich übrig hat.

Wenn dem so ist, dann ist dieses Buch für dich. Denn es geht nicht nur dir so. Dieses Buch macht dich nicht jünger. Aber vielleicht fröhlicher.

Inhaltsverzeichnis

Vorwort

Ach, was habe ich doch für ein Glück gehabt in meinem Leben! Als Wirtschaftswunderkind geboren, durfte ich bisher nur die Schokoladenseiten des Lebens genießen. Wenn Oma und Opa oder Mutti und Vati von ihren jungen Jahren erzählten, dann waren es Geschichten von der Front, von Bombennächten in Berlin, von Hunger, Kälte und Entbehrungen.

Dagegen wurden meine Kinderjahre begleitet von schmutzfreundlichen Treviraröckchen, Sanostol zur Stärkung der Abwehrkräfte und einem vollständigen Elternpaar mit einer Mutti, die noch Schulbrote schmierte und selbstgemachte Buletten reichte.

Meine Jugendjahre wurden begleitet von so außergewöhnlich glücklichen Bewegungen wie der APO, den Hippies und Kommunen mit freier Liebe. Auch die Pille wurde zum richtigen Zeitpunkt eingeführt und unter HIV hätte ich mir höchstens eine neue Jeansmarke vorgestellt.

Als ich mich genug ausgetobt hatte und daran ging, nicht nur theoretisch über das Leben zu philosophieren, sondern dieses auch mit Hilfe eines Berufes zu finanzieren, kam mir wieder die Zeit zu Hilfe. Der Yuppie ward geboren und so konnte ich freien Herzens und leichten Gewissens ans Geld verdienen gehen. Kaschmir und Seide wurden modern, als sie anfingen, mir zu stehen und ich sie mir auch leisten konnte.

Wenn ich keine Lust auf den »sicheren Hafen Ehe« und Nachwuchs hatte, blieb mir noch die gerade in Mode gekommene Version DINK.

Als die Wende kam, schritt ich wie Alice durch das Wunderland, mal wieder genau im richtigen Alter, um gestalten zu können.

Eines Morgens wachte ich auf und alles war anders. »Die unerträgliche Leichtigkeit des Seins« war einer unerklärlichen Schwere gewichen. Die Probleme, die ich mein Leben lang so gern gelöst habe, schienen mich zu erschlagen. Ich fühlte mich ausgelaugt, müde von der schlaflosen Nacht, gebeutelt von Schweißausbrüchen, und die Männer liefen mir auch nicht mehr in Scharen hinterher. Meine Eltern wurden krank, meine Kunden immer jünger, meine Existenzangst immer größer.

Was war nur los, ich hatte mich doch gar nicht verändert. Wirklich?

Es war also Zeit, eine Bestandsaufnahme zu machen. Und siehe da, ich hatte mich doch verändert. Ich war sogar mittendrin in einem Prozess der Veränderung, genannt Wechseljahre. Dies ist keine Krankheit, die man wie einen Schnupfen in sieben Tagen überstanden hat. Wechseljahre heißen deshalb Wechseljahre, weil es einige Jahre sind, in denen wir uns in unserem Leben fühlen wie in einem falschen Film. Viele von uns rennen zu Gynäkologen, zu Neurologen, zu Psychotherapeuten oder Psychiatern. Aber so richtig helfen kann uns niemand.

Einige dieser Ärzte haben selbst Bücher zum Thema Wechseljahre geschrieben. Da lesen wir etwas über Hygiene im Alter, über Hormontherapien und pflanzliche Helfer. Nach der Lektüre sind wir genauso schlau wie vorher, aber noch viel deprimierter. Denn bei jedem dieser

Bücher tröpfelt so langsam die Gewissheit in unser Hirn, dass jetzt Schluss ist mit lustig.

Wie junge Kriegerwitwen tragen wir also unsere fruchtbaren Jahre still zu Grabe und dabei einsam Trauer. Wieso eigentlich?

Allein in Deutschland dürften im Moment fünf Millionen Frauen in den Wechseljahren sein. Gut ausgebildete, selbstbewusste Frauen, die immer topp waren und zur richtigen Zeit am richtigen Ort.

Mädels, stellt euch mal im Kreis auf, damit wir euch sehen können. Ja, auch die, die immer noch glauben, dass ihre unregelmäßig gewordene Periode auf Stress zurückzuführen ist. Und, wen sehen wir jetzt?

Wir sehen bekannte Politikerinnen, berühmte Schauspielerinnen, erfolgreiche Moderatorinnen, Autorinnen, Unternehmerinnen. Da stehen deine Anwältin und deine Ärztin, deine Steuerberaterin und deine Friseuse. Da findest du die Leiterin deines Supermarktes, deine Buchhändlerin und die arbeitslose Bankkauffrau von gegenüber.

Für euch habe ich dieses Buch geschrieben. Wir sind nicht allein, wir sind nicht krank und wir haben überhaupt keine Lust, den Rest unseres Lebens, der immerhin noch die Hälfte unseres Erwachsenendaseins ausmacht, unsichtbar zu werden. Wir sind mal wieder auf dem Sprung!

1. Die Hormonfalle

Lass dich bloß nicht beim Älterwerden erwischen

Irgendwann hat es dich unerwartet erwischt. »Liebling, es ist so furchtbar heiß hier, kannst du das Fenster aufmachen?« Sowie du den Satz ausgesprochen hattest, dräute dir, dass du jetzt dran bist. Natürlich hast du erst mal eine Grippe in Erwägung gezogen. »Leider nicht«, sagte das Fieberthermometer. Und dann bist du zu deinem Frauenarzt gestiefelt und der hat, so schien es dir, dein Todesurteil gesprochen: »Wechseljahre.«

Den Gedanken an die Menopause (ein noch ekligeres Wort als Wechseljahre) hattest du genauso verdrängt wie den an deine eigene Beerdigung. Du hattest um Frauen, die in den Wechseljahren waren und (unerhört!) darüber auch noch redeten, immer einen großen Bogen gemacht. Du, nein du würdest einfach von den Wechseljahren nichts merken. Punktum. Ende.

Und plötzlich fiel es dir wie Schuppen aus den Haaren: diese ständigen Kreislaufstörungen, neulich die Panikattacke, das Herzrasen damals im Restaurant, als du dachtest, vom Stuhl zu fallen. Ach ja. Dein erheblich gestiegener Verbrauch an Kopfschmerztabletten. Ach so. Die kleinen Pölsterchen, die sich um deine Hüften geschmiegt haben. Nein, die kamen nicht davon, dass du aufgehört hast zu rauchen. Und es waren auch nicht deine Sorgen, die dich in den letzten Monaten um den Schlaf gebracht haben.

Und jetzt? Jugend ade! Die nächste Panikattacke kündigte sich umgehend an. Die Angst, die du so lange erfolgreich verdrängt hattest, überfiel dich innerhalb von Minuten. Gehöre ich jetzt zum alten Eisen, hast du dich gefragt. Was wird mein Mann dazu sagen? Also hast du erstmal beschlossen, weder deinem Mann noch irgendwem sonst etwas von deinen Wechseljahren zu sagen.

Wut, Schweiß und Tränen

Erst mal Muttern fragen. Die erinnert sich wahrscheinlich gar nicht mehr an ihre Wechseljahre. (»Ich habe was Schweres gehoben und da hörte es plötzlich auf«, sagte meine Mutter. Und behauptete bezeichnenderweise steif und fest, sie sei Anfang fünfzig gewesen. Bei kühlem Nachrechnen bin ich allerdings dahinter gekommen, dass sie gerade mal vierundvierzig gewesen war.) Verdammt, auch keine Hilfe.

Also ab in den Buchladen. Wahrscheinlich hast du dort die tollen bebilderten Ratgeber gefunden, in denen man dir zeigt, wie du mit Diät und Lockerungsübungen bis ins hohe Alter fit bleibst, inklusive Tipps zum Thema Sex im Alter. Die hast du, wenn überhaupt, heimlich im Park gelesen und sie entsetzt weggeschmissen. Da stand was von Blasenschwäche und Scheidentrockenheit. Lieber Gott, wie eklig! Nein, also dann doch lieber Hormone, hast du gedacht. Und bist wieder zum Gynäkologen gegangen. Der hat dir ein paar bunte Pillen verschrieben und dich damit in die Wüste geschickt.

In den nächsten Wochen erging es dir auch nicht besser, trotz der Hormontabletten. Du hast ausgesehen wie ein Pfannkuchen und den Rockbund nicht mehr zubekommen. Deine Beine waren angeschwollen, abends ging kein Ring mehr ab. Also hast du es zur Abwechslung mit Entwässerungstabletten versucht, die dir dein Frauenarzt gegen die Wasseransammlungen verschrieben hat. Als die auch nicht wirkten, hast du beide Tabletten höchstwahrscheinlich in den Müll geschmissen. Die Schweißausbrüche waren ja verschwunden. Zwei Monate lang hast du alles verdrängt und auf eine kurzfristige Hormonstörung gehofft. Bis es dich eines Nachts wieder erwischte.

Irgendwann hast du angefangen, deine Freundinnen zu beobachten. Ob die auch...? Die Elke ist seit einiger Zeit fürchterlich zickig und schnorrt alle zwei Wochen bei dir Tampons. Und Regina ist eine Frischluftfanatikerin geworden. Als du Elke und Regina (natürlich getrennt und diskret unter vier Augen) mal vorsichtig darauf angesprochen hast, hast du nur entrüstete Ablehnung gehört. »Ich in den Wechseljahren, spinnst du?« Von Elkes drei Lovern kennst du sogar die Farbe der Unterhosen und Reginas Kleptomanie ist immer für einen Witz gut. Seit Jahrzehnten teilt ihr eure intimsten Geheimnisse. Du hast mit den beiden vier Ehen, fünf Kinder, einen Konkurs und drei Jahre Arbeitslosigkeit überstanden. Aber die Wechseljahre wirst du voraussichtlich alleine durchstehen müssen. Denn Elke und Regina kriegen so was nicht.

Also hast du dich reif für die Mülltonne gefühlt. Und da du eine Frau und schon deshalb masochistisch veranlagt bist, hast du angefangen, junge Frauen zu beobachten. Du hast ihre Haut mit deiner verglichen, ihre Wirkung auf das männliche Geschlecht mit deiner, ihre Taille mit deinem Rettungsring. Prompt hast du Depressionen bekommen.

Und weil nach Murphys Gesetz der Teufel sich immer den größten Haufen aussucht, sind auch noch deine Eltern krank geworden, sind deine Kinder in eine WG oder zu ihren Liebhabern gezogen, hast du in deinem Job oder mit deinem Mann Schwierigkeiten.

Deine Komplexe sind also ins Unendliche gestiegen und deine Kraft, so zu tun, als ob alles normal sei, ist ins Endliche gesunken. Kurzum: Das Leben macht dir jetzt überhaupt keinen Spaß mehr.

Du hast Angst, dass die Leute anfangen, über dich zu reden. Natürlich reden sie über dich, warum redest du nicht über deine Wechseljahre? Eines muss dir doch klar sein: Als Kind hat man dir pubertäres Verhalten nachgesagt, wenn du dich über irgendetwas beschwert hast. Als du ein junges Mädchen warst, hat man gedacht: »Die hat wohl ihre Tage«. Als junge Frau fand man, was dir fehlt, sei einfach ein Mann, der es dir »richtig besorgt«. Und jetzt? Jetzt glauben alle, dass du völlig durchgeknallt bist, bloß weil du in den Wechseljahren sein könntest. Tröste dich. Selbst wenn du nicht in den Wechseljahren wärst, würde man sie dir in deinem Alter unterstellen. Und es wird noch schlimmer kommen. Kaum wirst du die Wechseljahre hinter dir haben und dich fühlen wie eine junge Göttin (das haben mir ältere Freundinnen versprochen), wird das leiseste Anzeichen von Vergesslichkeit bei dir zur Altersdemenz oder bestenfalls zur Senilität erklärt.

Du bist nun mal eine Frau. Alles, was Frau tut, so denkt die männliche Bevölkerungshälfte, sei hormonell bedingt. Dass die meisten Herren der Schöpfung komplett vom Unterkörper gesteuert werden, vergessen sie dabei völlig.

Helden in den Wechseljahren

Auch Männer kommen in die Wechseljahre, weigern sich jedoch beharrlich, diese zur Kenntnis zu nehmen. Sonst würden sie Zeitungen zum Thema herausgeben. Die Forschungsetats lägen in der Größenordnung der AIDS-Hilfe und sie würden sich Plaketten anstecken mit einem Lorbeersymbol, das sie als Angehörige eines magischen Zirkels ausweist. Symposien zum Thema »Mit Erfolg zum Schweißausbruch«, Seminare »Synergien der Depression«, Kongresse wie die »menocom« oder die »bloodex« würden in ihren Terminkalendern stehen. Karl Lagerfeld hätte schon längst den Sensorfächer designed, der in die Anzugtasche passt und beim Anstieg der Körpertemperatur für Kühlung sorgt. In jedem guten Restaurant würde der Kellner unaufgefordert weiße Handtücher zum Aperitif reichen. Und die Helden würden sich mit der Anzahl ihrer nächtlichen Schweißausbrüche gegenseitig übertrumpfen. Bettdecken mit automatisch sich öffnenden Ventilen wären neben Hosen und Schuhen mit unendlichen Klettbandverschlüssen der absolute Renner und ich schwöre dir, die Raumtemperatur in allen Konferenzsälen dieser Welt würde garantiert nicht über sechzehn Grad liegen. Die neuesten Hormontabletten würden das Medienecho von Viagra übertreffen. Und Tausende von Vorstands-Assistenten würden immer Tampons in ihren Aktenkoffern rumschleppen für den Fall, dass es den Boss bei der Aktionärsversammlung erwischt. Und du, du kannst nicht mal mit deiner besten Freundin darüber reden!

Liebling, mach das Fenster auf

Schluss damit! Mach das Fenster auf und lass frischen Wind herein. Du hast noch mindestens die Hälfte deines Erwachsenenlebens vor dir. Da hilft kein Jammern und Verkriechen, da helfen nur neue Ideen, Interessen und Ideale. Und eine dicke Portion Humor.

Versuch' doch mal mit Elke bei ein paar Sushis (Eiweiß ist gut für den Hormonspiegel) über Zukunftspläne zu ratschen. Und lade Regina zu einem Wochenende aufs Land ein (weit weg von allen Geschäften), um mit ihr herzlich bei einer Kneipp-Kur über eure Blödheit zu lachen. Und wenn das nicht geht, dann schenke beiden zum nächsten Geburtstag dieses Buch. Wie heißt doch der uralte Poesiealbumsspruch: Wenn du lachst, lacht die Welt mit dir, wenn du weinst, dann weinst du allein.

2. Bloß nie wieder jung sein

Traue keinem über dreißig

Erinnere dich: Wann hast du das erste Mal erkannt, dass du nicht mehr jung bist? Das dürfte schon ziemlich lange her sein. Wahrscheinlich an deinem dreißigsten Geburtstag. Der erste Tag im Leben einer Frau, an dem sie flüchtig das Gefühl bekommt, dass die Zeit schneller vergeht, als ihr lieb ist.

Das hat dich vorübergehend in eine tiefe, ernst zu nehmende Lebenskrise gestürzt. Du bist zum Friseur gegangen, hast dir Fingernägel ankleben lassen, dir für ein halbes Monatsgehalt einen viel zu engen Fummel gekauft, dich mit der besten Freundin betrunken, Horoskope gelesen und Bilanz gezogen.

»Traue keinem über dreißig«, hieß es damals. Solltest du dir also aufgrund dieses massiven Vertrauensverlustes keinen Strick genommen haben, ist es wahrscheinlich, dass du deinen dreißigsten Geburtstag bereits vier Tage später ohne bleibende Schäden überstanden und vergessen hast.

Dann bist du zu deinem Chef gewandert und hast eine Gehaltserhöhung verlangt. Oder dir einen neuen Job, einen neuen Freund oder ein Kind zugelegt. Zumindest hast du irgendetwas getan, was dich weitergebracht hat. Denn das ist der Vorteil von so schrecklichen Ereignissen wie einem dreißigsten Geburtstag: Sie geben Anstöße, im Leben etwas zu ändern. Du hast also dein Leben in den Griff gekriegt und dich weiterhin jung gefühlt.

Unterbezahlt und unglücklich

Manchmal kann ein einziger Satz ein Leben ändern. So ging es mir. Ich werde nie den Schock vergessen, als ein Kollege meinte, wir stünden ja in der Lebensmitte. Himmel, ich war fünfunddreißig. Geradezu unerträglich jung. Und ehrgeizig. Ich wollte ganz nach oben, erfolgreich sein, ich wollte alles. Eine gute Beziehung, die beste Frau der Branche sein, ich wollte Geld, Macht und Einfluss. Und ich hatte nichts davon.

Ich war dick, hässlich, unterbezahlt und unglücklich. Obwohl es mir sehr viel besser ging als mit fünfundzwanzig. Da war ich auch dick, hässlich, noch unterbezahlter und noch unglücklicher. Der Unterschied war nur, dass ich mir mit fünfundzwanzig keine tollen Klamotten leisten konnte, den Mistkerl, der mich unglücklich machte, geliebt habe und nicht mal im Ansatz wusste, wovon ich im nächsten Monat die Miete bezahlen sollte, geschweige denn was ich anstellen könnte, um endlich reich zu werden. Dafür habe ich allerdings damals neunzig Stunden die Woche gearbeitet.

Nach dem Gespräch mit meinem Kollegen bin ich nach Hause gegangen und habe mich von meinem Mann getrennt. Mit Sack und Pack bin ich zu einer Freundin gezogen, die mir ihre Wohnung für ein paar Monate zur Verfügung stellen konnte. Dort gab es etwas, was es bei uns zu Hause nicht gab: Wandfüllende Spiegel. Und dort lernte ich, dass es nur auf die Betrachtungsweise ankommt.

Knick in der Pupille

Eines Abends, ich lag glücklich Schokolade lutschend im Bett, hatte ich Lust auf ein Glas Orangensaft. Also, raus aus den Federn und ab in die Küche. Und plötzlich stand da eine fremde Frau im Flur. Ich schrie auf. Als sich mein Schreck legte, stellte ich fest, dass ich das war, die fremde Frau. Nackt stand ich vor einem überdimensionalen Spiegel. Und was ich sah, war eine hübsche, schlanke Frau. Das war ich. Kleidergröße sechsunddreißig.

Wenn ich also nicht dick und hässlich war, obwohl mein Mann mich immer Dicke genannt hatte, dann konnte ich auch nicht unglücklich und unterbezahlt sein. Denn erstens hatte ich den Mann verlassen, der mich unglücklich machte und zweitens hatte der mir immer gesagt, ich sei unterbezahlt. Und so lernte ich an jenem Abend vor dem Spiegel, dass ich schlank, hübsch, glücklich und verdammt erfolgreich war.

Diese Verschiebung des Blickwinkels ist doch immer wieder erstaunlich. Hast du mal zufällig irgendwo ein altes Foto von dir gefunden? Du weißt noch ganz genau, wie du dich an diesem Tag gefühlt hast: Das Kleid hast du noch nie gemocht, du hattest einen Pickel auf der Nase und der Pony war mal wieder total fettig. Kurzum, du hattest deine Tage und fühltest dich abstoßend hässlich. Aber auf dem Foto siehst du toll aus. Das haben wahrscheinlich alle anderen damals schon so gesehen – nur du nicht.

Auch Claudia Schiffer hat Probleme

Erinnere dich an die Verzweiflung, die dich beim Anblick deiner Cellulitis befallen hat. Wann immer du mit einem Mann ins Bett gegangen bist, hast du dich gefragt, warum der überhaupt was von dir will.

Ich kann dir versichern, sogar Claudia Schiffer hat dieses Problem. Denn es gibt immer jemanden, der noch hübscher, noch schlanker, noch knackiger ist als du. Und wenn man jung ist, dann vergleicht man sich immer mit anderen. Dass man dabei schielt, spielt für den Effekt überhaupt keine Rolle.

Okay, wir haben also festgestellt: Früher sahst du toll aus, aber du hast dich nicht toll gefühlt. Und heute? An deine Cellulitis hast du dich längst gewöhnt, an deine zu dünnen oder zu krausen Haare, zu dicken oder zu kurzen Beine, den zu kleinen oder zu großen Busen. Du hast dich irgendwann mit dem Unveränderbaren abgefunden. Und das betont, von dem du erkannt hast, dass es das Schöne, das Liebenswerte an dir ist. Na also, älter werden hat doch Vorteile, auch wenn man jetzt vielleicht wirklich eine Brille braucht.

Immer Ärger mit den Kerlen

Erstaunlicherweise waren die Männer hinter dir her, obwohl du dich so hässlich gefühlt hast. Und du? Bist reihenweise auf ihre blöden Sprüche reingefallen. Erinnere dich an die vielen SOS-Anrufe bei deiner besten Freundin. Erst hast du zwei Tage geheult, dann deine Freundin angerufen und dann habt ihr die halbe Nacht geredet. Es kam immer, wie es kommen musste: Am nächsten Tag hattet ihr einen Kater und beim nächsten Mann ging alles wieder von vorne los.

Dann hast du endlich deine große Liebe gefunden. Und mit diesem Mann dein Leben geplant. Das war wirklich toll. Geld hattet ihr nicht, Erfahrung hattet ihr nicht, aber jede Menge Träume. Und er war der Größte. Du hast alles für ihn getan. Geputzt und gebügelt (schließlich wolltest du ihm beweisen, dass du eine brauchbare Frau bist), gekocht (langsam hast du dich von Dosenfutter zu Spaghetti Bolognese hochgearbeitet), bist nach der Arbeit noch einkaufen gegangen (klare Frauensache!), um dann nach vollendetem Tagewerk und vollständig versauter Küche todmüde auf die Laken zu sinken. Dort erwartete dich dann das, was du damals für guten Sex gehalten hast. Heute weißt du, was wirklich guter Sex ist, hast vielleicht sogar eine Putzfrau, zauberst viergängige Menüs, ohne die Küche zu verwüsten und schickst deinen Mann einkaufen. Oder du sitzt gemütlich beim Italiener oder Jugoslawen und lässt auftischen. Wieso willst du eigentlich wieder jung sein?

Wenn du Pech hattest, hast du mit deiner ersten großen Liebe auch gleich noch Nachwuchs bekommen. Klar freust du dich heute über deine netten Kinder. Aber wenn du nicht zu den exotischen Exemplaren der Gattung ewig glücklich verheiratete Ehefrau gehörst, bist du wahrscheinlich von dem Vater deiner Kinder längst geschieden. Und hast weiter geputzt, gebügelt, gekocht, bist einkaufen gegangen, hast mit dir selbst Sex gehabt und alle Sorgen, die man so als allein erziehende Mutter hat. Und noch dazu weniger Geld.

Wenn du Glück hattest, hast du dich von dem Kerl

frühzeitig getrennt. Denn spätestens als du erkannt hast, dass er a) nicht der Größte war und b) du viel besser warst als er, war die Grundlage für eure Beziehung dahin. Natürlich hast du noch ein paar Jahre weiter gemacht, denn so schnell trennt man sich ja nicht.

Erinnerst du dich noch an die abendlichen Kämpfe, die Scharmützel, die ihr euch bei Spaghetti Bolognese geliefert habt? Du hättest ihn umbringen können. Also bist du nicht nur todmüde in die Kissen gesunken, sondern auch noch unglücklich und heulend und dann hat er natürlich erwartet, dass ihr euch wieder vertragt. Das führte regelmäßig zu Beschwerden, mit denen du deinen Gynäkologen reich gemacht hast.

So oder so, ich hoffe für dich, dass du ihn verlassen hast. Wenn er dich verlassen hat, kannst du dem Schicksal zwar auch dankbar sein, aber der Stachel sitzt natürlich erstmal ziemlich tief.

Heute lebst du entweder mit einem netten Mann zusammen oder bist alleine. Du hast (hoffentlich) deine Illusionen über die männliche Hälfte der Welt begraben und das gesucht, was du wirklich brauchst. Zumindest hat dich diese harte Zeit gelehrt, was du nicht brauchst.

Wenn du dich nach einem harmonischen Abend wohlig in deine Laken kuschelst, denkst du manchmal, wie gut du es doch hast. Ich hoffe jedenfalls, dass du das denkst. Und nicht: Ach, ich möchte so gern noch einmal von vorn anfangen, warum finde ich keinen netten Mann, mit dem ich mein Leben teilen kann. Wenn du das denkst, dann erinnere dich doch einfach mal daran, wie schrecklich anstrengend es war.

Das Kompetenzdefizit

Nachdem du ihn zurück zu Mutti geschickt und dieses zum Schluss mehr als unerfreuliche Kapitel deines Lebens abgeschlossen hattest, war endlich Zeit, dich – Volldampf voraus – um deine eigene Karriere zu kümmern. Schließlich warst du begabt, gut ausgebildet und jetzt erst recht voller Elan.

Also hast du dich ins Business-Kostüm gezwängt, deine Walle-walle-Mähne zu einem dezenten Zopf gebunden und bist Richtung Vorstandsetage marschiert. Komisch war nur, dass sie dich trotz deines dezenten Outfits so gar nicht ernst genommen haben. Irgendwie warst du für alles zu jung. Und außerdem eine Frau.

Sobald du in einer Sitzung zaghaft die Stimme erhoben hast, haben dich alle mitleidig angeschaut. Ach Gott, die Kleine, haben sie gedacht. Deine Verbesserungsvorschläge wurden mit Kommentaren wie »Das haben wir schon immer so gemacht« im Keim erstickt. Deine Konzepte ließ man wohlwollend »einfließen«, was nichts anderes hieß, als dass sich jemand die Mühe machte, jeden Satz, den du geschrieben hast, so umzuformulieren, dass er zwar den Sinn behielt, sich aber schlechter anhörte. Man wollte, dass du Kaffee kochst und ansonsten das Büro dekorierst.

Solltе es dir mit der Tarnung sämtlicher weiblicher Attribute (Busen mit Blazer bedecken, Hosen statt Strapse, Nivea statt Opium, Klarsicht- statt Rotlacknägel, Labello statt Revlon) gelungen sein, in einer überdurchschnittlichen Position Fuß zu fassen, durftest du regelmäßig Kunden- oder Mitarbeitermeetings besuchen.

Alle wollten nur das eine

Du hast dich die halbe Nacht darauf vorbereitet, die Aktenlage sondiert und besonders schlaue Einwände zurechtgelegt. Und dann saßest du da in trauter Männerrunde. Hast gelächelt und Kaffee eingeschenkt. Sie hörten dir ein bisschen zu, aber eben nur ein bisschen. Was kein Wunder war. Denn die ganze Zeit haben sie versucht, einen Blick auf deinen Busen zu werfen. Oder festzustellen, wie lang deine Beine sind.

Selbst wenn du keinen Busen und Stummelbeine hattest, konntest du sicher sein, dass sie wirklich nicht bei der Sache waren. Sie haben dich schlicht und ergreifend in Gedanken im Bett gehabt. Und wenn du etwas wirklich Schlaues von dir gegeben hast, dann waren sie erst recht der Meinung, dass dir einfach nur ein guter Fick gefehlt hat, denn sonst wäre deinem Spatzengehirn so ein Gedanke nicht entsprungen.

Das hat dich schier zur Verzweiflung getrieben. Also hast du noch einen Zahn zugelegt und die ganze Nacht gearbeitet, inklusive Wochenenden. Irgendwann (so Mitte dreißig) hast du eine Strategie gefunden, wie du deine weiblichen Vorteile einsetzen konntest und hattest damit sogar Erfolg. Den hast du zwar nicht sofort am Konto gespürt, aber immerhin am warmen Händedruck, den dein Chef freigiebig austeilte.

Blick zurück im Zorn

Und heute? Dein Konto dürfte nach menschlichem Ermessen besser gefüllt sein. Bei so viel Einsatz! Du grämst dich doch wohl nicht etwa, dass die Männer nicht mehr so mit dir flirten wie früher. Weib, sei froh, dass sie dich endlich ernst nehmen. Wenn du jetzt durchdrehst, hoch geschlitzte Miniröcke trägst und den Busenansatz im Gigantoausschnitt raushängen lässt, dann ist dir auch nicht mehr zu helfen. In dem Fall hast du a) nichts gelernt und b) ist das auch vergebene Liebesmüh, wie wir in einem der nächsten Kapitel sehen werden.

Also, bloß nie wieder jung sein. Du hast das, was du hattest, nicht genießen können und das, was du noch nicht hattest, lag in unerreichbarer Ferne. Erinnere dich daran, wie schwer es früher für dich war und schon geht es dir jetzt besser. Wer sich die Vergangenheit schön redet, kann von der Zukunft nur enttäuscht werden.

3. Abschied vom alten Rollenverhalten

Mit den Wimpern klimpern

Stell dir bitte mal folgende Szene vor: Eine gut aussehende, superschlanke Fünfzigjährige betritt ein Restaurant. Die Frau schaut sich nach einem Platz suchend um? Nein, sie wartet auf einen Kellner, der auf sie zustürzt und ihr den Mantel abnimmt. Als sich endlich einer der italienischen Beaus bemüht, bedankt sie sich mit innigem Blick und herzigem Augenaufschlag.

Sie stolziert zum Tisch und setzt sich mit gekonntem Beinüberschlag so hin, dass der Rest des Restaurants ihre wirklich wohlgeformten Beine bewundern kann. Der hübsche Kellner bringt ihr die Speisekarte, die die Dame ebenso gekonnt ignoriert. Sie greift sich eine Zigarettenpackung und fingert eine Zigarette heraus. Dann wieder dieser innige Blick, der sagt, na, mein Kleiner, willst du mir nicht mal Feuer geben? Der Ober nestelt in seiner Tasche, findet das Gesuchte und zündet, sichtlich nervös, weil am Nachbartisch bereits zum dritten Mal nach ihm gerufen wird, die Zigarette an.

Madame möchte jetzt von ihm wissen, was es denn heute gibt. Nein, die Wachteln möchte sie nicht, sagt sie, nachdem er die gesamte Speisekarte heruntergebetet hat. Nur einen kleinen Salat. Aber bitte nur Rucolasalat, mit zwei, drei Scheibchen Champignons oder nein, lieber noch mit zwei Tranchen vom Steinpilz. »Wieso, wenn es Steinpilzspaghetti gibt, dann haben Sie doch Steinpilze oder? Den Salat aber bitte nicht mit Dressing, sondern bitte mit einer Salatsauce aus kalt gepresstem Olivenöl, ein bisschen Senf, Paprika, Salz, Pfeffer und einem Schuss Zitronenessig.«

Der arme Ober wird immer nervöser. Natürlich nicht wegen des wogenden Busens von Madame, den sie durch das Hochrecken eines Armes mit gleichzeitigem Haarspiel am Hinterkopf gekonnt in Szene setzt. Er ist nervös, weil die Familie am dritten Tisch links sich überhaupt nicht darum kümmert, dass ihre spielenden Kinder den Weg zum Tresen mit Kinderschokoladeautos pflastern.

Madame lässt allerdings nicht locker. Zu trinken hätte sie dann gern ein Gläschen Mineralwasser, aber nicht eine ganze Flasche, das sei ihr zu viel. Das Mineralwasser aber bitte warm und ohne Eis, dafür aber mit einer klitzekleinen Zitronenscheibe. Während sie diese Bestellung aufgibt, spielt sie kleinmädchenhaft mit einer Locke ihres güldenen Haares. Der Ober geht mit stoischem Blick die Bestellung aufgeben.

Wir sollten ihm und allen ebenso stoischen Obern an dieser Stelle herzlich für die Geduld danken, die sie mit den Madams dieser Welt haben. Wenn sie Pech haben, treten die Madams nämlich gleich rudelweise auf, blockieren stundenlang für einen liebevoll außerhalb der Speisekarte zusammengestellten Salat und ein Gläschen Selters einen Tisch für sechs Personen und hinterlassen dann, wenn überhaupt, ein winziges Trinkgeld. Dass sie schon deshalb keine gern gesehenen Gäste sind, dürfte völlig klar sein.

Außer Konkurrenz

Kurz darauf betreten zwei Zwanzigjährige in hinreißenden Miniröcken das Lokal. Sie benehmen sich ansonsten genauso wie Madame. Unser netter italienischer Ober wird wieder nervös. Diesmal aber nicht wegen der Kinder vom dritten Tisch links, die inzwischen angefangen haben, an den Tischtüchern zu ziehen, sondern wegen der zwei Mädels. Er bietet seinen ganzen Charme auf, und, egal wie viele Bestellungen noch auf Halde liegen, schwupps haben die zwei ihren Cappuccino. Den serviert er mit dem ganzen, einem italienischen Ober zur Verfügung stehenden Machogehabe. Gleichzeitigi rechnet er sich in Gedanken aus, wie viel die drei Männer am Nebentisch, die eigentlich zahlen wollten, noch trinken werden, damit sie die zwei Bräute noch etwas begucken können. Madame hat er einfach verdrängt.

Was will uns die Dichterin damit sagen? Ganz einfach: Das, was man mit zwanzig tut, sollte man mit fünfzig lassen. Weil es erstens nicht mehr wirkt und weil du zweitens nicht im Ernst erwarten kannst, dass dich irgendein Mensch auf der Welt damit ernst nimmt. Kleinmädchengetue, die Hilflose spielen, dabei aber kapriziös sein, verfehlt auch jetzt nicht seine Wirkung. Aber die Wirkung ist leider ganz anders. Was also ist die Alternative?

Natürlich nett

Gehen wir doch noch mal in unser kleines italienisches Restaurant: Soeben haben zwei Frauen in unserem Alter den Laden betreten. Sie lächeln schon von weitem dem hübschen Ober zu, der sofort auf sie zustürzt und sie mit Namen begrüßt. Er begleitet sie diensteifrig zu ihrem Lieblingstisch am Fenster. »Es ist aber nett von ihnen, dass Sie uns unseren Lieblingsplatz reserviert haben«, sagt die eine der beiden Frauen. Sie haben bereits die Speisekarte vor sich liegen, der Ober fragt »Wie immer?« und die Frauen strahlen. »Sie haben ein fantastisches Gedächtnis«, sagt die andere und der Ober schwirrt ab. Die beiden machen sich über die Speisekarte her, während innerhalb von zwei Minuten die Amuse-Gueules auf dem Tisch stehen. Sie blicken kurz auf und sagen: »Danke, wir sind soweit.« Ruck zuck geben sie ihre Bestellung auf, der Ober empfiehlt, nicht die Seezunge zu nehmen, die wäre heute ziemlich klein. Die beiden bedanken sich für seine Aufmerksamkeit und bestellen dafür den empfohlenen Zander im Spinatbett. Dann wenden sie sich einander zu und vertiefen sich in ihr Gespräch.

Während die männlichen Kunden des Restaurants die beiden Zwanzigjährigen anstarren, schauen die Frauen im Restaurant immer wieder verstohlen auf die beiden Frauen. Denn die strahlen Heiterkeit, Gelassenheit und eine souveräne Freundlichkeit aus, die nicht nur bei unserem netten Kellner ihre Wirkung nicht verfehlt. Madamchen am Tisch in der Mitte wurde trotz intensivstem Haargefummels nur eines kurzen Blickes gewürdigt und dann ad acta gelegt.

Was unterscheidet nun die beiden Frauen von Madame? Sie sind gleichalt aber unsere Zwei haben mit ihren Äußerungen dem Ober zu verstehen gegeben, dass sie sich in ihn hineindenken. Sie haben festgestellt, dass er viel zu tun hat und ihn daher nicht mit kapriziösen Extrawünschen belästigt. Sie haben seine Aufmerksamkeit zu würdigen gewusst. Sie haben gelächelt, ohne den Versuch zu flirten. Sie haben den Herrn Ober wie einen Menschen und nicht wie einen Angestellten behandelt. Und du kannst sicher sein, sie haben heute, genauso wie immer, ein angemessenes Trinkgeld hinterlassen. Sie haben sich also ganz normal benommen. Eben wie Klasse-Frauen.

Und wie wird man nun eine Klasse-Frau?

4. Ein Blick in den Spiegel

Die filternde Brille absetzen

Seit einiger Zeit hast du Komplexe, stimmt's? Du fühlst dich dick, verschrumpelt, alt, unattraktiv. Bevor wir darangehen können, uns neu zu erschaffen, müssen wir erst einmal wissen, wie wir uns sehen. Bis jetzt hast du dich so gesehen, wie man dich gelehrt hat, dich selbst zu beurteilen. Dass diese Sicht der Dinge keine ursprünglich weibliche ist, dürfte auch dir klar sein. Innerhalb von Zehntelsekunden taxierst du selbst andere Frauen und scannst sie mit männlichen Augen ein. Du empfindest das als schön, was landläufig Mann attraktiv findet und lehnst das ab, was dir an dir selbst Komplexe machen würde. Und so siehst du bei einer anderen Frau zuerst die zu kurzen Beine, den zu kleinen Busen, die zu große Nase. Du denkst nicht, ach, die sieht aber interessant und einzigartig aus, sondern du hast sozusagen gelernt, zu schnuppern, ob dir diese Frau gefährlich werden könnte. Dafür hast du das Idealbild der Männer inhaliert und es zu deinem eigenen Idealbild gemacht. Natürlich siehst du dich selbst ebenfalls mit dieser »Werte«-Brille und das macht dir jetzt zu schaffen. Wie wäre es, wenn du die alte Brille gegen eine schicke neue Lesebrille eintauschst. Nahsicht statt Fernsicht! Ab sofort brauchst du nicht mehr attraktiv für Männer zu sein, sondern nur noch attraktiv für dich selbst. Du wirst dich wohl fühlen müssen in deiner eigenen Haut und nicht in der einer anderen. Denn mit der Fünfundzwanzigjährigen kannst du einfach nicht konkurrieren, zumindest nicht, was dein Aussehen anbelangt. Also kann es nur darum gehen, eine interessante, anziehende Klasse-Frau zu werden und nicht ein aufgemotztes Möchtegernmädchen. Einfacher gesagt als getan. Mache dir klar, dass die größten Frauen aller Zeiten für deinen bisherigen Geschmack zu dick, zu alt und zu hässlich waren. Trotzdem haben sie es geschafft, Könige und Kanzler, Magnaten und Millionäre zu faszinieren.

Schonungslose Bestandsaufnahme

Zeit für eine Bestandsaufnahme. Mach dir doch mal einen schönen Sonntagnachmittag. Am besten einen, an dem es nicht regnet. Denn graue Regentage sind nicht unbedingt für eine vorbehaltlose Bestandsaufnahme geeignet, es sei denn, man will sich unbedingt den Abend und die darauf folgende Woche komplett versauen. Ein Gläschen Wein kann dabei nicht schaden, es beflügelt die Gedanken und das kannst du brauchen. Wenn es gar zu arg wird, kannst du ja nachschenken.

Und jetzt schau in den Spiegel. Tageslicht ist perfekt. Je heller, desto besser. Das, was du siehst, bist du. Dein ganzes Leben. Jede Sünde, jedes Leid, aber auch jede Freude, jeder Lacher haben ihre Spuren in deinem Gesicht hinterlassen. Es sei denn, du hast jede Sünde, jedes Leid, aber auch jede Freude und jeden Lacher mit Essen kompensiert. Auch dann hat dein Leben seine Spuren in deinem Gesicht hinterlassen. Also, entweder Falten oder

Fett (oder immer abwechselnd, wie bei Swinging Liz Taylor).

Kein Grund zur Beunruhigung. Du siehst endlich nach etwas aus, bist eine Persönlichkeit. Wie, das findest du nicht? Na, dann setze dich einfach mal gerade hin, nicht immer die Schultern so hängen lassen. Das macht alt. So und jetzt lächle mal. Nein, nicht den Mund verziehen. Richtig lächeln, mit den Augen. Siehst du, deine Mundwinkel, die eine verdächtige Tendenz nach unten haben, ziehen sich freundlich nach oben. Und deine Augen leuchten wie vor zwanzig Jahren. Wenn es beim ersten Mal nicht klappt, gib nicht auf, schenke dir noch ein Glas Wein ein und versuche es noch mal. Ein Lächeln und strahlende Augen machen dich einfach anziehend. Egal wie viele Falten und wie viel Fett das Ausgangsmaterial gestylt haben.

Ballast abwerfen

Und jetzt fahr den ganzen Pflegekram auf, den du hast. Also, die komplette, sündhaft teure Anti-Aging-Produktpalette, die Frau so im Allgemeinen zumindest ab einem gewissen Alter meint, besitzen zu müssen. Und nun schmeiß mal die kleine Rechenmaschine in deinem Kopf an und addiere, was dich der Kram gekostet hat. Bist du verrückt?

Du darfst jetzt getrost aussortieren: Die Augencreme für zweiundachtzig Euro inklusive Mehrwertsteuer kommt auf die linke Seite, das ist die Seite für Produkte, die sich auch auf dem Hintern noch gut machen. Du wirst davon zwar genauso wenig einen Knackarsch bekommen, wie sie deine Krähenfüße beseitigt hätte, aber zumindest brennt sie dort nicht und es gibt auch keinen Kaninchenblick.

Gleich in den Mülleimer gehören diese unglaublichen Liftingmasken, die zu ertragen du schon lange keine Lust mehr hast. Pfeife auf Vitamin-A-Produkte, es sei denn, du stehst auf geschälte Mohrrüben. Geholfen hat dir das alles sowieso nicht, nur der amerikanischen oder japanischen Wirtschaft.

Ebenfalls in den Müll kannst du diese adstringierenden Wässerchen werfen, die zwar schick aussehen im Bad, die aber bei großporiger Haut genauso wenig helfen wie frische grüne Gurken. So viel Zeit hast du einfach nicht mehr. Und die Tussi, die dir das in der Parfümerie angedreht hat, hatte jenen überheblichen Blick drauf, bei dem du sowieso immer gleich zuschlagen möchtest. (Faltenröcke, gnädige Frau, führen wir nicht!)

Auf der rechten Seite, du wirst sehen, landet außer deiner Reinigungsmilch, einer guten Feuchtigkeits- und einer Fettcreme (von mir aus auch mit Anti-Aging-Faktor) gar nichts. Denn mehr brauchst du wirklich nicht. Ein Ölbad, ein sanftes Duschgel, eine gute Körpermilch und du bist perfekt gepflegt.

Nachdem du schon mal mit dem Entrümpeln angefangen hast, nimm dir gleich auch noch dein Schminkzeug vor. Lieber Gott, bist du wahnsinnig, die Dinger halten ohne Allergien zu erzeugen nicht länger als ein Jahr. Also, alles, was älter ist: Mülleimer. Nagellacke halten übrigens auch nicht länger.

Ein Gesicht, das zur dir passt

Und nachdem du jetzt deine Produktpalette auf ein erträgliches Maß heruntergeschraubt hast, gehe frohgemut ans Werk: Du kennst das ja von der Kosmetikerin. Reinigen, pflegen, grundieren. Und dann machen wir mal den Lichttest. Ich wusste doch, dass dein Make-up zu dunkel ist. Das hast du dir nach den unendlich vielen Solariumstunden gekauft, die du im letzten Winter genommen hast. Hat dir keiner gesagt, dass dunkel alt macht? Was mit zwanzig ein entzückendes Haselnussbraun ist, wirkt mit fünfzig wie ein elefantöses Kokosnussbraun. Schmeiß es weg!

Bitte verstehe mich richtig: Solarium ist okay. Aber nur ein bisschen. Das hilft gegen schlechte Laune, Lichtmangel und Kreislaufstörungen. Aber dann solltest du die Bräune etwas blasser überschminken. Aber nicht zu dick, damit du nicht aussiehst wie ein Gruftie und dir beim Niesen nicht die Tapete abplatzt. Wenn du nun dein interessantes Gesicht im Spiegel sozusagen pur wie eine Leinwand mit Grundierung anschaust, vergiss nicht, was wir gerade geübt haben: Bauch rein, Brust raus, gerade sitzen, mit den Augen lächeln. Gar nicht so übel, was?

Jetzt der Griff zum wichtigsten Schönheitsmittel einer Frau: ägyptische Erde. Kann auch afrikanische sein oder eines von den nachgemachten, sehr viel teureren Produkten, die die großen Kosmetikfirmen anbieten. Vorsicht ist nur für Allergiker geboten. Wenn du aber nicht zu Allergien neigst, dann solltest du einen Pinsel nehmen, einstäuben und jetzt musst du probieren. Vergiss doch einfach mal die Stellen, auf die du den Puder sonst so applizierst. Schaue dir ruhig und konzentriert in dein freundliches Gesicht und überlege, wo die richtigen Stellen sein könnten, die deine Augen noch strahlender und dein Gesicht noch markanter machen. Wem diese Art der geistigen Kreativität nicht gegeben ist, der kann es auch praktisch versuchen. Bitte lege also vorab Waschschwämmchen in Massen bereit, um Fehlversuche ohne lästiges Aufstehen in Sekundenschnelle ungeschehen zu machen. Innerhalb einer halben Stunde dürftest du so oder so eine optimale Rouge-Strategie gefunden haben. Sollte im Moment eine Farbe angesagt sein, die dir nicht steht, so kaufe sie bitte erst gar nicht. Und was dir nicht steht, das weißt du inzwischen. Lass dir also nichts von diesem Teenager in der Parfümerie erzählen. Angesagt war gestern, jetzt ist Individualität gefragt. Schließlich hängst du dir auch keine rosa Vorhänge in deine ansonsten gelb eingerichtete Wohnung, nur weil sie angesagt sind.

Nachdem der Rahmen geschaffen worden ist, können wir uns mit deinen schönen Augen beschäftigen. Okay, ja, die Wasseransammlungen darunter sind nicht so super attraktiv. Versuch' es mal mit diesen wunderbaren Wacholderpillen, rezeptfrei in jeder Apotheke zu haben. Die entwässern natürlich, ohne die Nieren anzugreifen. Wenn du sie nicht vergisst, dann wirken sie besser als jede hundsgefährliche Entwässerungstablette vom Onkel Doktor. Wer auf gesund steht, kann es ja auch mit Tee versuchen, das ist Geschmackssache. Zwei Tassen Grüner Tee wirken kleine Wunder.

Deine Lider fangen jetzt an ein bisschen zu hängen, was dir an guten Tagen den Ausdruck eines gutmütigen Bassets verleiht, an schlechten Tagen aber irgendwie an Simone Signoret erinnert. Also, ich persönlich fand das Gesicht von der Signoret immer faszinierend. Aber auch das ist Geschmackssache. Egal wie, blauer Lidschatten mit dunklem Lidfaltenstrich, der jetzt wieder so enorm in ist, ist einfach nichts mehr für dich. Erstens setzt sich der Quatsch in den Lidfalten ab und zweitens drückt er deine Lider noch mehr runter. Also, Ablage Müll.

Versuche es doch mal pur mit diesem erdfarbenen Rouge (aber bitte nicht zu viel, sonst siehst du aus wie Winnetous Schwester). Das hat den Vorteil, dass du nicht mehr als einen Tiegel brauchst, den gleichen Pinsel benutzen kannst und deine Augen strahlen noch mehr. Wenn dir das nicht steht, dann kannst du ganz auf Lidschatten verzichten. Oder greife zu einem kleinen Pinsel und Puder in sanftem Dunkel (je nach Augenfarbe kann das grau, dunkelblau, moosgrün, anthrazit oder dunkelbraun sein). Damit male dir einen verwischten Lidstrich. Denn merke: Was von Anfang an gekonnt verwischt ist, kann nicht noch mehr verwischen.

Es gibt ja Virtuosen im Umgang mit diesen Bleistiften für die Augen. Ich jedenfalls kann das nicht, deshalb empfehle ich es auch nicht. Das flüssige Zeugs kannst du gleich vergessen, es krümelt wie Streuselkuchen. Damit siehst du aus, wie Nina Hagen schon vor 20 Jahren lieber nicht ausgesehen hätte.

Zur Krönung dann das Wichtigste: Wimperntusche. Auf die hat schon Mutti nicht verzichtet. Nachdem diese tolle Spucktusche vom Markt genommen wurde, gab es lange Zeit nichts mehr, was nicht verschmierte. Schon mit zwanzig sah man mit dieser verlaufenen Wimperntusche aus wie ein trauriger Clown. Das kannst du dir jetzt wirklich nicht mehr leisten. Vor allem, wo sich jetzt die gesamte Augenpartie tendenziell zusammenfaltet, ist die Rutschgefahr für Wimperntusche immens. Ich verrate dir mein bestgehütetes Geheimnis: 38 Grad Wimperntusche. Die löst sich nicht durch Öl, sondern nur durch warmes Wasser oder durch heiße Tränen. Da du letztere nicht mehr in der Öffentlichkeit weinen wirst, bestimmst du alleine, wie lange sie hält. Das einzige Produkt der japanischen »Supersonderangebote«, das sich wirklich rechnet.

Zum Schluss nehmen wir uns das Kussmäulchen vor. Auch hier hilft nur probieren. Wenn deine Lippen schmal sind, bitte, wirf diese blutroten Lippenstifte weg. Wenn sie nicht schmal sind, trenne dich von diesen brombeereisfarbenen Dingern, die dich aussehen lassen wie kurz vor dem Herzinfarkt. Schau dir mal deine Zähne an. Zu viel geraucht? Dann solltest du alle Orangetöne meiden, die lassen die Zähne noch gelber leuchten. Sind deine Zahntaschen auf Wanderschaft gegangen? Dann denke daran, dass jeder auffällige Lippenstift den Blick des Betrachters auf die neuen Lücken im Lächeln lenkt.

Wenn die äußeren Konturen nicht mehr ganz so deutlich zu erkennen sind, versuche es doch mal mit einem Konturstift. Und dann nimm diese Long Lasting Lippenstifte. Die verbessern deine Konturen zwar auch nicht, aber sie halten länger. Denn alle dreißig Minuten nachschminken ist nun wirklich unter deiner Würde.

Aber bitte denke daran, dass du dich entscheiden solltest, was du betonst. Entweder die Augen oder die Lippen. Beides gleichzeitig sieht sehr schnell angemalt aus. Also, mach mal den Test, was besser aussieht – oben oder unten.

Okay, jetzt hast du endlich wieder ein Make-up, das sozusagen up to date ist. Eigentlich hättest du das auch in jeder besseren Frauenzeitschrift nachlesen können, aber leider sind wir dafür nicht mehr die richtige Zielgruppe.

Erinnere dich mal an deine Mutter, als sie in unserem Alter war. Die trug noch immer das gleiche Make-up wie zur Trümmerfrauenzeit. Kirschrote Lippen (zumindest das, was davon übrig geblieben war), ausrasierte Augenbrauen mit gemaltem Bogen und fünfundzwanzig Millimeter losen Puder auf der Nase. Und das war eigentlich das Einzige, was Mutti so alt gemacht hat, stimmt's?

Wir um fünfzig brauchen ein Make-up, das zu unserem Gesicht passt. Solltest du festgestellt haben, dass du trotz mehrerer Gläser Wein und mehrmaligem Korrigieren noch nicht so richtig mit deinem Make-up zufrieden bist, dann schau doch mal, ob dir nicht ein Visagist helfen kann. Und wenn du findest, dass zu deinem Gesicht gar kein Make-up passt, dann ist das auch gut.

Ein schöner Rahmen

Und jetzt mal ein offenes Wort zu den Haaren. Da gibt es ja verschiedene Möglichkeiten. Wahrscheinlich hast du schon ein paar graue Haare. Wie lange, sagtest du, färbst du schon? Findest du diesen Ansatz wirklich hübsch? Und den Haaren bekommt das auch nicht. So viel Anti-Spliss-Kur kann man gar nicht rein tun, damit das repariert wird. Und nun überlege mal: Wenn man sowieso sieht, dass deine Haare am Ansatz grau sind, warum tust du es dir dann an?

Aber meine Naturfarbe ist so mausgrau, höre ich dich jetzt tönen. Quatsch, an die erinnerst du dich gar nicht mehr, wenn du ehrlich bist. Und wie du mit grau melierten Haaren aussiehst, hast du noch gar nicht ausprobiert. Weil das ja so alt macht.

Färbe ruhig weiter, wenn es dir Spaß macht. Das ist allemal wichtiger für die Schönheit als alles andere. Wenn du es aber tust, um jünger zu wirken, dann vergiss es. Dein Alter sieht man dir sowieso an.

Du kannst zwischen verschiedenen Möglichkeiten wählen, wie man über dich spricht. Entweder sagen die Leute: »Die macht aber auf jugendlich. In ihrem Alter.« Oder sie sagen: »Eine gut erhaltene Fünfzigjährige.« Bestenfalls sagen sie: »Eine Frau mit Stil.« Das Schlimmste, was du deiner Umwelt antun kannst, ist »von hinten Lyzeum, von vorne Museum«. Will sagen: Versprich von hinten nichts, was du vorne nicht halten kannst. Ein schicker Kurzhaarschnitt wird dich wahrscheinlich viel dynamischer aussehen lassen als eine Goldie-Hawn-Gardine. Und blonde oder rote Strähnchen sind allemal besser für die Haare als ein Vollton. Probiere es doch einmal aus.

Oh, ich habe dir unrecht getan. Du hast eine wunderschöne natur-kastanienbraune oder blonde Wuschelmähne ohne einen Grauanflug. Dick und glänzend. Dann, aber bitte nur dann, setze sie in Szene. Wirf sie bei jeder sich bietenden Gelegenheit um dein Gesicht. Aber bitte dekoriere sie nicht mit Schleifchen oder ähnlichem Kleinmädchenunfug.

Liebe Freundin, wenn du soeben beschlossen hast, morgen einen Friseur aufzusuchen, dann ist schon viel gewonnen. Aber bitte lasse dir nicht so einen »jung machenden« Haarschnitt für Siebzehnjährige mit unregelmäßig langen Strähnen à la Siebzigerjahre verpassen.

Es gibt drei Kategorien von Friseuren. Die einen schauen dich erst gar nicht an und schneiden dir den neuesten Kopf von der letzten Messe, so einen, mit dem man schon mit sechzehn aussieht wie unter den Rasenmäher gekommen. Die anderen schauen dich an und finden, dass du genau das verdienst, was dein Alter verspricht. Da diese Friseure in der Regel unter dreißig sind, versprechen sie sich von deinem Alter überhaupt nichts und schneiden dir einen Schopf, wie sie es selbst mit vierzehn auf der Friseurschule gelernt haben. Im Übrigen ist das keine Frage des Rufes von einem Friseur und erst recht nicht von dem danach anfallenden Honorar.

Die dritte Kategorie sind jene seltenen, begabten Friseure, die für jeden Kunden eine Karteikarte haben, auf der jeder widerspenstige Wirbel notiert ist. Sie kümmern sich nicht nur um den perfekten Haarschnitt und die richtige Farbe, sondern haben immer den neuesten Klatsch und ein offenes Ohr parat. Solltest du jemals ein solches Exemplar gefunden haben, dann darf ich dir gratulieren. Bleibe ihr oder ihm treu. Denn eine gut geschnittene Frisur, die zu dir und deinen Haaren passt, wird im Laufe der Jahre immer wichtiger.

Wenn du unbedingt einen neuen Haarschnitt brauchst, aber nicht so genau weißt, was dir vielleicht stehen könnte, dann hör dich doch mal um. Es gibt Friseure, die haben einen Frisurencomputer. Dort kannst du dir per Mausklick innerhalb von Sekunden jeweils eine andere Frisur um dein Gesicht legen. Das ist zwar nicht lebensecht, hilft aber bei der Entscheidung.

Falten glätten

Solltest du nach unserer Schminkarie beschlossen haben, dass nur noch der Chirurg dir helfen kann, dann tue, was du nicht lassen kannst. Allerdings wirst du nach vollbrachter Tat Folgendes feststellen: Außer dir merkt es keiner (schade um die schöne Knete), jünger fühlst du dich auch nicht und du siehst immer noch aus wie um die fünfzig. Halsfalten und Hände verraten nämlich, dass du beim Schnipsler warst. Die Witze, die man dann über dein Selbstvertrauen macht, kennst du alle selbst.

Versuch' es doch erstmal mit einer anständigen Kosmetikerin. Wie wir oben schon festgestellt haben, brauchst du den ganzen biostethischen Schrott zwar nicht, aber das Befummeln hilft der Seele. Ich habe für mich allerdings festgestellt, dass eine gute Massage mit anschließenden fünfzehn Minuten Solarium mich wesentlich hübscher machen als ein Besuch bei der Kosmetikerin. Auch das Rumfummeln an den Füßen bei diesen göttlichen Fußreflexzonenmassagen eignet sich, Falten auf der Seele zu glätten. Und mit der Seele glättet sich in Sekundenschnelle das Gesicht.

Die eigene Duftnote

In deinem Bad setzen die Parfümfläschchen täglich mehr Staub an. Du nimmst je nach Lust und Laune mal das eine, mal das andere, aber meist gar keines mehr. Warum eigentlich nicht? Ein Parfüm gehört zu einer Frau genauso dazu, wie ein schönes Kleid oder ein guter Haarschnitt. Und du solltest bei dem bleiben, das dir steht, das zu dir gehört wie eine zweite Haut.

Denk mal an deine Mutter. Entsinnst du dich noch, wie wunderbar sie immer geduftet hat? Und immer, wenn irgendjemand vorbeikam, der genauso geduftet hat wie Mutti, dann wurde dir ganz wohl ums Herz. Sie nahm dreißig Jahre lang das gleiche Parfüm.

Als ich vor einigen Jahren in Las Vegas geheiratet habe, machte ich mich auf die Suche nach einem anderen Parfüm. Ich hatte zwei ziemlich schreckliche Jahre hinter mir und wollte endlich mal was anderes riechen als diesen Duft, der mich nur an Ärger erinnerte. Und dann fiel mein Blick auf Chanel. Das hatte ich zum letzten Mal benutzt, als ich achtzehn war, aber ich entsann mich, dass ich es mochte. Also kaufte ich es. Wir schritten zum Traualtar und mein Fast-Mann schnupperte an mir rum. Und sagte einen Satz, der wohl jeder Braut die Tränen in die Augen treibt: »Du riechst heute wie meine Mutter.« Ich habe meine Chanel-Sünde gebeichtet und wir haben schallend gelacht. Seitdem benutze ich wieder meine zwei alten Parfüms (eins für den Sommer, eins für den Winter), und mein Mann erkennt mich mit geschlossenen Augen.

5. Hilfe, ich hab' nichts zum Anziehen

Der Kampf ums neue Kleid

Wer kennt sie nicht, die Verzweiflung beim dringend gebotenen Kauf eines neuen Kleides. Da hat sich in den letzten Jahren ein bisschen Fett angehäuft. Vor allem an den falschen Stellen. Du stehst unglücklich vor einem viel zu großen Spiegel in einer viel zu kleinen und viel zu heißen Umkleidekabine und möchtest am liebsten heulen. Egal welchen Fummel du anprobierst, er steht dir einfach nicht. Egal was die Schnepfe sagt, die vorgibt, dich zu beraten.

Das ist der Augenblick, in dem man dann üblicherweise a) einen Schweißausbruch (nur partiell hormonell bedingt) und b) einen Wutanfall bekommt. Du hast zwei Möglichkeiten zu reagieren. Entweder du reißt dir den Fummel vom Leib, drückst ihn der Schnepfe wortlos in die Hand und stürmst empört Richtung Ausgang. Oder du holst tief Luft und scheuchst die Schnepfe durch den Laden, bis die einen Schweißausbruch und einen Wutanfall bekommt. Die zweite Version ist der ersten entschieden vorzuziehen, da sie den Vorteil hat, dass du ab und zu doch noch mal zu einem neuen Kleid kommst und außerdem deine Wut abreagierst.

Also, wir haben festgestellt, es wird im Laufe der Jahre entschieden schwieriger, etwas Vernünftiges zum Anziehen zu finden. Das liegt weniger an dir und deinen Pölsterchen (nimm sie bitte einfach hin, dein Stoffwechsel hat sich verlangsamt, das ändert sich, sobald deine Hormone wieder in schönem Gleichklang sind), sondern vor allem an dem, was man uns als Mode verkaufen will. Du bist jetzt in einem Alter, für das es drei Möglichkeiten gibt: Entweder du gehst in eine Boutique, dort findest du Klamotten, die für Zwanzigjährige gemacht sind. Oder du gehst in einem Kaufhaus in die Abteilung für die reifere Dame und dort findest du Klamotten, die selbst deiner Mutter nicht stehen. Oder du gehst zu den großen Couturiers wie Yves St. Laurent, Laura Biagiotti, Jil Sander, wo du ein durchschnittliches Monatsgehalt brauchst, um einen Fummel zu erstehen, der an Kleidergröße 34 vielleicht noch gut aussieht.

In der Boutique findest du alle Farben, die dir garantiert nicht mehr stehen. Ein freundliches Grau, ein aufmunterndes Schwarz, ein schlammiges Braun und vielleicht noch dieses frisch machende Aubergine. Alternativ sind dort noch maigrüne String-T-Shirts im Angebot oder orangefarbene Bodies. Wenn die Mode gerade auf weit eingestellt ist, siehst du in den Dingern aus, als trügest du einen Kartoffelsack. Wenn die fashionable Welt gerade beschlossen hat, einen auf 70er-Look zu machen, dann legen sich diese Fummel wie Wurstdärme um deinen Rettungsring. Also empfiehl deine Lieblings-Boutique deiner Tochter oder einer jungen Kollegin und mache dich auf die Suche nach was Neuem.

In der Abteilung für die reifere Dame findest du alles, was du nie tragen wolltest und deshalb auch nicht solltest. Großgeblümte, weite Kleider, plissierte, weit schwingende Röcke, Blazer mit Rabatten von Goldknöpfen und eingenähtem Taschentuch sowie diese unsäglichen Sets mit Rock, Strickjacke (natürlich auch mit Goldknöpfen) und Schleifenbluse, die von allen weiblichen Kabinettsmitgliedern der Welt getragen werden. Natürlich passen dir die Dinger und du kannst das auch tragen, allerdings nur unter der Bedingung, dass du zwanzig Jahre älter aussehen willst.

Die Coutureshops kann ich dir aber leider auch nicht empfehlen. Der abschätzende Blick, der dich am Eingang trifft, macht dich so sauer, dass du, wenn du das Material dabei hättest, gleich zur Bombenattentäterin werden könntest. Oder du darfst so lange mit einem lächerlichen Fähnchen für schlappe zweitausend Euro hinter einer zwanzigjährigen Russin warten, die gerade das Schwarzgeld ihres Lovers unter die Leute bringt, dass nicht nur deine Fußsohlen brennen, sondern auch dein Geduldsfaden reißt.

Was tun? Der einzige Rat, den ich geben kann, ist suchen, suchen, suchen. Und wenn Heerscharen von Verkäuferinnen Schweiß- und Wutausbrüche bekommen, du hast es verdient, gut angezogen zu sein. Und zwar mit verdammt viel Arbeit hart verdient.

Und so macht man das zeitökonomisch: Geschäfte mit vielen Goldknöpfen im Schaufenster kannst du gleich weiträumig umkurven. Mein Vater sagte immer angesichts des jährlichen Weihnachtsbaums »Wo keine Zweige sind, da muss Lametta hin«. Bitte tu' dir das nicht an, Lametta macht uralt.

Geschäfte, die beim ersten Blick nur Leinen in Aschetönen anbieten, kannst du sofort wieder verlassen. Wenn du deine Asche dort lässt, siehst du aus, als ob du in den dazugehörigen Eimer gehörst. Es sei denn, du bist Sammlerin dieser dekorativen Hermès-Tücher, die so bunt die Halsfalten kaschieren. Mit denen kannst du auch die deprimierendsten Grautöne noch halbwegs gesichtsfreundlich gestalten. Oder du kaufst dir bunte Stoffreste und nähst dir daraus einen dekorativen Schal.

Am leichtesten wird man in kleineren Geschäften fündig, in denen die Verkäuferinnen bereits die magische Schwelle der 35 überschritten haben. Die drehen dir nicht diese chicen ärmellosen Kleider mit tiefem Ausschnitt an, da sie wissen, dass dich die Anprobe eines solchen Kleides für Tage in ein Tal der Depressionen stürzen kann. Wenn du ein Geschäft gefunden hast, in dem dir mal was steht, dann solltest du es regelmäßig aufsuchen. Die Verkäuferin wird dich mit strahlendem Gesicht willkommen heißen und sie wird dir wahrscheinlich die neu eingetroffenen Sachen aus dem Lager holen, weil sie bald weiß, was dir gefällt.

Hahnentritt- und Karojacken

Du kannst durchatmen. Denn abseits dieser oben beschriebenen, kleinen Malaisen hast du es jetzt wirklich gut. Du brauchst dich nicht mehr in diese todlangweiligen Businesskostüme zu zwängen, damit man dich ernst nimmt. Kein Mensch zweifelt an deiner Kompetenz, nur weil du ein helles Leinenkleid oder eines von diesen saugemütlichen, frei schwingenden italienischen Strickensembles anhast. Endlich kannst du in fröhlichen Hahnentritt- oder Karojacken rumlaufen und die graublaue männliche Gesellschaft damit beleben. Allerdings nur, wenn nicht gerade ein Fernsehinterview bevorsteht. Dann solltest du Hahnentritt und Karos lassen, die flimmern wie irre auf dem Bildschirm. Warum das Rita Süssmuth wohl nie jemand gesagt hat?

Mache also bitte nicht den Fehler und dich unsichtbar. Dazu neigen viele Frauen in den Wechseljahren; sie bevorzugen alles, was nicht auffällt und weinen dann heimlich in die Kissen, weil sie das Gefühl haben, dass man durch sie hindurch sieht. Zeig der Welt dein fröhliches Wesen durch ein fröhliches Outfit.

Locker fallende schlichte Seidenblusen kannst du jetzt sogar solo zu Hosen tragen. Denn nur Männer, die sowieso für dich in Frage kommen, werden angesichts deines prallen Busens das Zuhören vergessen. Die anderen schauen einfach nicht mehr hin.

Du glaubst, enge Kleider seien nichts mehr für dich? So ein Quatsch. Schmeiß dir eine weite Bluse oder einen mittellangen Hänger über und schon sieht das Stück aus, wie für dich gemacht und kaschiert hervorragend jeden Bauchansatz.

Und dann diese Farben. Einfach wunderbar. Natürlich hängt es von deiner Teintfarbe ab, was dir steht. Aber die Palette ist fast unendlich: Bei den einen sind es die Beige-, Hellbraun-, Apricot- und Gelbtöne, die einfach fantastisch aussehen, bei anderen die ganze Grün-Palette, bei den nächsten Rot, Rot, Rot von Rosa bis Magenta oder deine ganze Welt ist himmelblau. Aber was erzähle ich dir, du weißt längst, was dir steht. Und weil das so ist, bist du natürlich schlau genug, dir in dem Jahr, in dem deine Farben gerade in sind, so viele Stücke davon wie möglich zu kaufen. Blusen, Pullover und Blazer kommen nicht aus der Mode. Also lege dir davon einen respektablen Vorrat an; es kann zehn Jahre dauern, bevor du Nachschub findest.

Was du jetzt allerdings meiden solltest, sind diese verkrampft jungen Teile. Klar hast du Beine wie die Garbo. Die hatte sogar noch meine neunundachtzigjährige Schwiegermutter. Aber irgendwie sieht so ein Superminirock an einer erwachsenen Frau aus, als ob sie ihrer Tochter Konkurrenz machen will. Und das ist schon peinlich, vor allem für die Tochter. Im Übrigen auch vergebene Liebesmüh. Glaub bloß nicht, dass die Kerle jetzt zuerst auf deine Beine gucken. Außerdem sehen Superminis zu diesen herrlich bequemen, flachen Tretern echt blöd aus. Und wenn du ehrlich bist, dann bringen dich deine HighHeels fast um.

Wo uns der Schuh drückt

Und das bringt uns zur nächsten Tragödie. Schuhe. Ich nehme zu deinen Gunsten ja nicht an, dass du auf acht Zentimeter hohen Plateauschuhen durch die Welt wankst. Wenn du das tust, dann, meine Liebe, muss ich dir sagen, das Geld hättest du dir sparen können. Diese Gesundheitsdinger gibt es beim Orthopäden auf Rezept. Allerdings nur, wenn du einen Klumpfuß oder andere Unregelmäßigkeiten vorzuweisen hast. Was mit Plateauschuhen nur eine Frage der Zeit ist.

Das Problem ist nur, dass es kaum andere Schuhe zu kaufen gibt. Entweder diese Backsteine oder unglaublich geschnittene, spitz-diagonal mit zu hohem Spann zulaufende Pumpsnachfolger oder aber Birkenstock. Wenn du zufällig mal klassische, mittelhohe Pumps mit witziger Deko findest, dann schlage sofort zu. Die Dinger haben absoluten Seltenheitswert und werden in Sammlerkreisen hoch gehandelt.

Wenn dir nach flachen, herrlich bequemen Slippern mit Luftpolstersohle ist, dann solltest du sie tragen. Zu eng geschnittenen Hosen sind die echt okay und man übersteht damit sogar einen fünfstündigen Einkauf in der Metro, ohne danach ein sprudelndes Fußwohlbad nehmen zu müssen.

Vorsicht ist allerdings geboten, wenn du bisher immer auf hohen Absätzen gelaufen bist. Dann sind deine Wadenmuskeln einfach auf eine bestimmte Höhe eingestellt und wenn du dann auf bequem umschaltest, lauert der Hexenschuss hinter der nächsten Ecke. Ich habe mich deshalb, nach einigen behandlungswürdigen Rückenschmerzen, dazu entschlossen, durchgängig halbhoch zu tragen.

Und so kommen wir wieder zu meinem Credo: Alles, was bequem ist, ist richtig. Denn deine Gesichtszüge sind nicht schmerzhaft verkrampft, deine Laune ist blendend und dein Gang ist beschwingt. Das macht dich optisch derartig dynamisch, dass du die armen, gebeutelten zwanzigjährigen Dinger glatt vom Platz fegst.

Gute Laune ist einfach ansteckend und macht dich anziehend. Egal, ob du ein paar Fettpölsterchen zu viel hast oder ob der Wein vom Vorabend sich als Tränensack zurückmeldet.

Und wenn du immer noch auf der Suche nach dem Lebensabschnittsgefährten sein solltest, dann ist gute Laune allemal wichtiger als sexy Kleidung. Denn nur wegen deiner schönen langen Beine, wegen deines Knackarsches, deines Atombusens oder deiner Wespentaille fährt eh keiner mehr auf dich ab.

Das hat wahrscheinlich was mit Pheromonen zu tun. Die Kerle reagieren äußerst erregt eben nur auf Frauen, die noch im gebärfähigen Alters sind, egal wie hässlich sie auch sein mögen. Da sie selbst, zumindest meistens, bis ins hohe Alter zeugungsfähig bleiben, werden sie immer den kleinen Mädchen nachsteigen. Das braucht dich nun wirklich nicht zu verbittern, denn die Natur kannst du nicht ändern.

Aber die seltenen Sonderexemplare, für die du dich interessierst, also die erwachsenen reifen (soll es auch geben) Männer, brauchen außer für gewisse pubertäre Stunden, ein Weib, das mit beiden Beinen im Leben steht und ihr Herz erwärmt. Eines, an das sie sich anlehnen können und das durch Charme, Esprit und Lebensklugheit besticht. Wenn das Weib auch noch Humor und ein kehliges Lachen hat, dann ist es um ihn geschehen. Und all das versprichst du mit einem dynamischen Gang und einem strahlenden Lächeln. So einfach ist das jetzt.

Klappern gehört nicht mehr zum Handwerk

Wenn dieses strahlende Lächeln noch durch ausgefallenen, schönen, echten Schmuck unterstützt wird, dann bist du genau das, was du immer sein wolltest: eine Klasse-Frau. Also bitte schmeiß die Plastikohrringe auf den Müll, die stehen noch nicht mal Ministerpräsidentinnen und klappern so billig.

Bei Schmuck gilt jetzt die Devise: Nicht kleckern sondern klotzen. Womit ich selbstverständlich nicht die Quantität à la Vaters Lametta meine. Dann kannst du gleich Jacken mit Goldknopfrabatten kaufen. An jedem Finger ein bis zwei Ringe darfst du getrost den jungen Parfümverkäuferinnen überlassen. Was ich meine, ist die

Qualität des Produkts. Leiste dir lieber eine tolle Perlenkette, einen Brillanten oder deine Traumuhr. Aber überlege bei jedem Stück, wohin du den Blick des Betrachters lenkst. Der Einkaräter am faltigen Hals oder dem arthritischen Finger lockt höchstens noch Heiratsschwindler an. Aber eine tolle Kette, getragen auf einem Knitterfalten kaschierenden Rollkragenpullover, wow...

Ein Blick auf die Hände

Neben deinem Hals sind es vor allem deine Hände, die dein wirkliches Alter verraten. Da hilft kein Chirurg und keine Kaviarcreme. Während man den Hals mit Rollkragenpullovern oder lose drapierten Tüchern kaschieren kann, sind deine Hände einfach immer zu sehen. Also weg mit dem Nagellack in Rubinrot, bitte! Damit lenkst du alle Blicke auf deine Hände und das ist doch wohl das Letzte, was du möchtest. Auch die langen Krallen, um die man dich die Hälfte deines Lebens beneidet hat, stutze bitte auf ein erträgliches Maß, wenn du den Betrachter nicht an einen Leguan erinnern willst. Gegen einen dezenten Lack ist nun wirklich nichts einzuwenden. Außerdem gibt es diese tollen Polierfeilen, die dir mit wenig Aufwand herrlich glänzende Nägel verleihen, die weder absplittern können noch trocknen müssen. Krawall war gestern, heute ist Gepflegtsein angesagt.

Jetzt also stimmt dein Äußeres wieder. Und wie sieht es mit deiner Ausstrahlung aus?

Verräterische Töne

Wenn wir jetzt also schon den ganzen Kleinmädchenunfug abwerfen, der uns so sagenhaft alt macht, dann schauen wir uns doch auch mal unsere Sprache an. Ich weiß noch, wie ich neulich zusammengeschreckt bin, als unsere fünfzigjährige Buchhalterin laut »cool ey« auf dem Flur sagte. Natürlich geht die Jugendsprache in den allgemeinen Sprachgebrauch ein, aber eine erwachsene Frau, die mit »boah ey«, »trashy« oder »oberaffengeil« oder gar »krass« um sich schmeißt, wirkt nicht wirklich überzeugend, sondern scheint krampfhaft auf jung zu machen. Wenn wir also schon beim Entrümpeln sind – weg damit!

Mit dem Körper sprechen

Erinnern wir uns noch mal an Madamchen in dem Restaurant. Sie hat uns ziemlich eindeutig mit ihrer Körpersprache gezeigt, für was sie sich hält. Nun setzten wir uns mal in die S-Bahn. Da betritt eine Frau in unserem Alter das Abteil. Sie hat Hängeschultern, einen verkniffenen Mund und quetscht sich in die hinterste Ecke, obwohl fast alle Plätze leer sind. Was schließen wir daraus? Sie ist unglücklich oder deprimiert.

In der anderen Ecke des Abteils steht ebenfalls eine Frau in unserem Alter. Sie schaut interessiert allen Neuankömmlingen in die Augen, steht gerade und lächelt, wenn sich jemand an ihr vorbeidrängt. Diese Frau sieht zehn Jahre jünger aus als die Dame, die sich mit hängenden Schultern und verkniffenem Mund in die hinterste Ecke gequetscht hat. Durch ihre Körpersprache signalisiert sie uns, dass sie auf dem Sprung ist, bereit, der Welt lächelnd ins Auge zu blicken.

Dann betritt ein mittelaltes Paar das Abteil. Er stürzt auf den Plan, um zu schauen, wo sie aussteigen müssen. Sie sucht derweil einen Platz, von dem aus sie den Überblick hat. Als er sich neben sie setzt, lächelt sie ihn an und schlägt ihre Beine so übereinander, dass sie ihm zugewandt sind. Eigentlich wundert es uns jetzt nicht mehr, dass er irgendwann ihre Hand nimmt. Denn die Frau hat uns mit ihrer Körpersprache bereits zu verstehen gegeben, dass sie den Mann liebt.

Und dann kommt noch ein Paar in den Zug. Er hält einen kleinen Hund, sie setzt sich ans Fenster, verschränkt die Arme und starrt hinaus. Monsieur lässt sich, etwas abgewandt, neben sie fallen und betrachtet fasziniert sein Tier. Die beiden reden genauso wenig miteinander, wie unser händchenhaltendes Paar. Dennoch sehen wir, dass die beiden sich nicht so recht verstehen.

Nun können wir natürlich nicht leugnen, dass jeder von uns seine Stimmungen hat. Jeder ist mal unglücklich, deprimiert oder glücklich oder gut gelaunt. Dennoch sollten diese kleinen Beispiele uns klar machen, wie viel wir allein mit unserem Körper und mit unseren Augen über unsere Befindlichkeiten verraten.

Nicht immer sind hängende Schultern, verkniffene Münder oder ein zu Boden gerichteter Blick nur ein Ausdruck von Unglück oder Depression. Die meisten Menschen sind sich gar nicht bewusst, dass sie so durch die Welt laufen, weil sie sich daran gewöhnt haben. Also, wenn es kein akutes Problem gibt, dann sollten wir uns mal selbst beobachten und unsere Schlüsse daraus ziehen.

Entsinne dich doch mal, wie es war, als du vierzehn

warst. Wetten, dass du dich in jedem Schaufenster, an dem du vorbeigelaufen bist, gespiegelt hast? Das war sogar notwendig, denn so ist ganz langsam in dir selber ein Bild von dir entstanden. Wann hast du dich das letzte Mal in einem Schaufenster gespiegelt?

Charme kann man lernen

Noch ein offenes Wort. Egal, wie schön du zurechtgemacht bist: Ein nettes, gewinnendes Wesen wirkt anziehender als jedes gut zurechtgemachte Gesicht. Wenn du dir bis dato jeden Charme abtrainiert hast, weil du meintest, ihn nicht zu brauchen, dann wird es Zeit zu üben. Also, fang doch gleich morgen früh damit an. Versuch mal, pfeifend zu deinem Auto zu gehen. Du wirst sehen, jeder lächelt dich an. Wenn du so falsch pfeifst, dass die Leute nicht lächeln, sondern grinsen, versuche es selbst mit Lächeln. (Bitte versuche nicht beides gleichzeitig, das funktioniert nicht.) Auch wenn du jeden, aber wirklich jeden, der dir entgegenkommt, anlächelst, wird mindestens jeder Zweite zurücklächeln. Ampeln eignen sich dafür hervorragend; du wirst sehen, der Mann im Wagen nebenan vergisst glatt das Popeln.

Und wenn du dann auch noch jedem Bekannten, den du triffst, irgendetwas Nettes sagst, dann ist dein Tag super. Nehmen wir mal an, die dickliche, verpickelte Telefonistin in deiner Firma hat ein neues gelbes Kleid. Weißt du eigentlich, wie glücklich du sie machen kannst, wenn du ihr sagst, dass das Gelb ganz hervorragend zu ihren grünen Augen passt? Oder es ruft dich Frau Brodersen von der Versicherung an. Du hast Frau Brodersen noch nie gesehen und eigentlich nervt dich dieser Anruf jetzt. Trotzdem fällt dir vielleicht auf, dass Frau Brodersen eine schöne, volle Stimme hat. Warum sagst du es ihr nicht? Vielleicht rettest du damit den Tag von Frau Brodersen, aber vor allem wird sie umwerfend nett zu dir sein, was sich im Schadensfall eher positiv für dich auswirken kann. Es ist so einfach, anderen Menschen eine Freude zu bereiten. Man muss dabei gar nicht lügen. Sondern nur einmal etwas Nettes an anderen bemerken.

Die meisten Kassiererinnen in Supermärkten tragen ein Namensschild. Hast du mal zu einer Kassiererin »Danke, Frau Müller-Meier-Beck« gesagt? Nein? Versuche es ruhig. Du wirst dich über den erstaunten Blick von Frau Müller-Meier-Beck wundern. Diese Frau trägt nun seit mindestens drei Jahren dieses Namensschild, also seit ihr Unternehmen diese Freundlichkeitsoffensive gestartet hat, und noch nie hat eine Kundin sie mit ihrem Namen angesprochen. Nach dem erstaunten Blick wirst du mit einem breiten Lächeln und einem herzlichen »Auch Ihnen einen schönen Abend« verabschiedet werden. Und das nächste Mal, wenn du wieder bei Frau Müller-Meier-Beck an der Kasse stehst, wird sie dir schon zulächeln, während die Frau vor dir gerade noch die Pampers auf das Laufband packt.

Du hast über das Wochenende einen Kurzurlaub gemacht. In dem kleinen Hotel war man nicht nur sehr aufmerksam zu dir, sondern hat dir jeden Wunsch von den Augen abgelesen. Sogar das Zimmermädchen war höflich und zuvorkommend und ist nicht ohne anzuklopfen morgens um sieben in dein Zimmer gestürmt. Was hindert dich daran, ein Briefchen an den Hotelbesitzer zu schreiben und ihm zu sagen, dass er ganz ausgezeichnetes Personal und ein sehr gut geführtes Haus hat? Das hat für dich zwei Vorteile: Erstens fühlst du dich danach richtig gut und zweitens wirst du vielleicht irgendwann wieder einmal in diesem Hotel übernachten wollen. Wetten, dass man sich an dich erinnert!

Auch wildfremden Menschen zaubert ein nettes Kompliment immer ein Lächeln ins Gesicht. Ich entsinne mich noch sehr gut an die wenigen Gelegenheiten, die ich selbst hatte, mich über spontane Komplimente zu freuen. Da war die Frau, die mich auf der Straße ansprach und wissen wollte, wer mir diesen tollen Haarschnitt gemacht habe. Oder die ältere Dame, die mir entgegen kam und sagte: »Was für einen schönen Mantel Sie da anhaben.«

Oder der nette Mann, der stehen blieb, als sich meine Katze von mir an der Gartenpforte verabschiedet hat und sagte: »Sie haben aber eine süße Katze. Ich freue mich immer, wenn ich hier vorbeigehe.«

Wie wir schon in unserem italienischen Restaurant gesehen haben, ist die wohl wichtigste Voraussetzung für Charme, dass man in der Lage ist, sich in andere Menschen hineinzuversetzen. So was heißt Empathie. Und ist viel leichter als man denkt. Wenn du mit offenen Augen und Ohren durch die Welt gehst, dann gibt es jeden Tag hunderte von Gelegenheiten, andere ein bisschen fröhlicher zu machen und durch das, was zurückstrahlt, ein bisschen glücklicher zu werden.

Charme ist, anderen das Gefühl zu geben, dass du sie bewusst wahrnimmst. Dass du dich für ihr Leben und ihre kleinen Probleme interessierst, ihre Leistungen anerkennst. Wer sich nur für sich selbst interessiert, der kann nicht erwarten, dass andere sich für ihn interessieren. Es ist, als ob man in einen blinden Spiegel schaut. Da schaut niemand zurück.

6. Nutze den Tag

Der Knacks im Ego

Schauen wir uns mal Heidemarie an. Heidemarie ist eine wirklich attraktive Frau mit glänzenden, braunen Haaren kurz vor ihrem fünfzigsten Geburtstag. Früher hieß sie bei allen Heidi, aber in letzter Zeit will sie nur noch mit ihrem ganzen Namen angeredet werden. Na, wenn es Heidemarie glücklich macht ...

Heidemarie ist Chefsekretärin. Die anderen halten sie für einen Drachen und an diesem Image hat sie zwanzig Jahre gebastelt. Ihr Chef hat sie dafür mit einem Gehalt belohnt, das nur allerhöchste Wertschätzung bedeuten kann.

Früher sprang Heidemarie morgens gut gelaunt aus den Federn, versorgte Mann und Kinder und fuhr dann vergnügt zur Arbeit, wo sie als erstes lüftete, Kaffee kochte und ein fröhlich Liedchen trällerte. Jetzt sind ihre Kinder aus dem Haus und das mit dem gut gelaunt aus den Federn springen will nicht mehr so richtig funktionieren. Ihr Mann macht jetzt das Frühstück. Morgens steht Heidemarie vor ihrem Kleiderschrank und weiß nicht mehr, was sie anziehen soll. Das graue Business-Kostüm mit der gelben Seidenbluse ist ihr eigentlich zu anstrengend. Also zieht sie eine lockere Hose an und eine Strickjacke, weil das doch so bequem ist. Im Hinterkopf weiß Heidemarie, dass diese Strickjacke ein untrügliches Zeichen von Depression ist.

Sie quält sich hinunter zu ihrem alten Ford Fiesta und begibt sich lustlos zur Arbeit. Es ist sogar schon vorgekommen, dass sie sich verfahren hat, obwohl sie die Strecke seit zwanzig Jahren täglich fährt. Früher hat sie immer das Autoradio auf full power gedreht, jetzt ist ihr die Stille lieber, da kann sie besser ihren Gedanken nachhängen.

Heute morgen ist Heidemarie der Kaffeefilter umgekippt und die ganze braune Körnerbrühe hat sich über den Eisschrank in ihrem kleinen Büro ergossen. Heidemarie hat sich hingesetzt und geweint. »Jetzt bin ich schon zu blöd zum Kaffee kochen«, hat sie sich gesagt. Als ihr Chef kommt, wischt sie schnell die Tränen weg und serviert ihm mit zitternden Händen den Kaffee.

Als er ihr anschließend ein paar Briefe diktieren will, kriegt sie eine Hitzewallung.

Immer wieder schweifen ihre Gedanken ab und sie muss fragen: »Wie bitte, Entschuldigung, das habe ich eben nicht mitgekriegt.« Ihr Chef guckt seinen von Herzen geliebten Hausdrachen an und wundert sich.

»Nicht ganz bei der Sache, was, Mädchen?«, fragt er sie.

»Ich bin kein Mädchen«, murmelt sie und muss mühsam die Tränen zurückhalten.

»Irgendwelche Termine heute?«, fragt der Chef.

»Ich weiß es nicht«, muss sie gestehen.

»Na dann gucken Sie doch mal nach.« Der Chef wird langsam sauer.

Heidemarie stolpert hinaus und reißt die Kaffeetasse um.

»Passen Sie doch auf!«

Draußen stellt sie fest, dass der erste Termin bereits

vor zehn Minuten begonnen hat. Und das muss sie jetzt ihrem Chef beichten. Der macht sich Sorgen um seinen Hausdrachen und schiebt es auf »mit dem linken Fuß aufgestanden«.

Das stimmt vermutlich sogar. Was der Chef sich allerdings nicht vorstellen kann, ist, was dieser Tagesanfang für unsere Heidemarie bedeutet. Sie fragt sich nämlich ernstlich, ob sie ihrem Job überhaupt gewachsen ist. Wenn das Telefon klingelt, zuckt sie zusammen, als ob die elf Geschworenen sie jetzt schuldig sprechen würden. Während sie früher unnahbar mit erhobenem Haupt durch die Kantine ging und sich ungefragt, aber gern gesehen, zu den Abteilungsleitern an den Tisch setzte, meidet sie die Kantine jetzt, als ob von dieser ein fauliger Geruch ausgehe. Heidemarie läuft ziellos in ihrer Mittagspause durch die öden Straßen des Industrievorortes und setzt sich auf eine wacklige Holzbank neben einem unbepflanzten Eternitkübel. Und dann rast es ihr durch den Kopf: »Wann ist endlich Wochenende? Oh je, schon wieder bei den Schneiders eingeladen. Ich habe nichts zum Anziehen. Zum Friseur muss ich auch noch. Obwohl das nichts mehr hilft. Und Britta sieht immer so entsetzlich gut aus. Ich fühle mich so hässlich. Was mache ich heute nur zum Abendessen. Mir fällt überhaupt nichts mehr ein.«

Kaum ist sie wieder im Büro, hat mühsam ihre professionelle Miene aufgesetzt, geht der Horror weiter. Der Chef sucht einen Brief, von dem sie weiß, dass sie den ganz bestimmt in der Akte Personal abgelegt hat. Aber dieser Brief ist nicht da. Einfach nicht zu finden. Heidemarie ist einem hysterischen Anfall nahe. Sie fragt sich, ob sie jetzt allen Ernstes die ersten Anzeichen von Alzheimer bei sich bemerkt. Wie oft hat sie in den letzten Wochen ihre Brille verlegt, die Autoschlüssel gesucht, ist statt ins Bad ins Wohnzimmer gegangen oder konnte sich bei Gott nicht an ihre eigene Telefonnummer erinnern.

Heidemaries Selbstwertgefühl ist nicht nur im Keller, sondern schon im dritten Untergeschoss der Tiefgarage. Jeder normale Mensch hat mal einen Tag, an dem alles schief geht. Aber alles, was jetzt schief geht, geht Heidemarie nahe. So nahe, dass sie auf dem besten Weg ist, sich mit ihrem Mann ernsthaft zu zerstreiten, ihrem Chef über den Mund zu fahren und Freunde zu brüskieren. Dabei kann sie sich nicht mal erinnern, was diesen Zustand ausgelöst hat. Sie ist komplett fertig, abgefahrenes Profil wie bei ihrem alten Ford Fiesta.

Würde es Heidemarie helfen, wenn man zu ihr sagen würde: »Heidi, du bist nicht allein. Das geht vielen anderen in deinem Alter genauso. Es gibt keinen Grund, alles und jedes auf dich zu beziehen. Geh mal zum Arzt und lass dir Hormone verschreiben.«

Wahrscheinlich nicht. Aber vielleicht würde es ihr helfen, wenn man sich neben sie stellt, liebevoll über ihren alten Ford Fiesta streichelt und sagt: »Mensch Heidi, du hast ein tolles Auto. Früher konnten die noch Autos bauen, die was ausgehalten haben. Zuverlässig bis zum Sankt Nimmerleinstag. Ein paar Lackschäden, aber der Motor summt wie eine Biene. So wie bei uns.«

Wetten, dass Heidis Tag gerettet wäre? Und nicht nur dieser Tag. Wahrscheinlich würde sie sich jeden Morgen in ihr Auto setzen und ihm zuflüstern: »Komm Kleiner, jetzt zeigen wir mal, was noch in uns steckt.«

Weshalb haben so viele Frauen in unserem Alter ein angeknackstes Ego? Sind es wirklich nur die fehlenden

Hormone und die damit einhergehenden Depressionen, oder sind es die Erwartungen der Gesellschaft, denen wir uns nicht mehr gewachsen fühlen? Ausgemustert, zum alten Eisen gehörend, reif für den Biomüll?

Hilfe, ich habe Besuch

Morgens quälst du dich aus dem Bett. Dein Kreislauf spielt verrückt, eine böse Migräne ist im Anzug und überhaupt fühlst du dich nach drei nächtlichen Schweißausbrüchen alt und ausgelaugt. Du zählst die Tage bis zum Wochenende, ach, was sag' ich, die Stunden. Beim Blick in den Spiegel denkst du »Bin ich das oder habe ich Besuch?« und möchtest sofort wieder ins Bett. Und noch während du dir Pfefferminzfrische um die Zähne spülst, bestürmen dich all die unangenehmen Dinge, die du zu erledigen hast. Ein genialer Anfang!

Jetzt hilft nur noch die absolute Guten-Morgen-Hallo-Wach-Kombi: Aspirin schadet weder ihm noch ihr, Kreislauftropfen einpfeifen und zwanzig Luftsprünge machen. Hopsen hat dir schon als Kind gute Laune gemacht, versuche es mal wieder. Oder schaue dir deine Katze an. Wie sie sich sanft reckt und dehnt. Das tut dir genauso gut. Und dann ab unter die Dusche und aus vollem Halse ein Liedchen geträllert. Wenn du bis jetzt schlechte Laune hattest, wirst du dich garantiert amüsieren, wie du es schaffst, jeden Ton ein bisschen schief zu treffen. Das sollte als Rüstzeug für einen guten Tag reichen. (Das mit dem Liedchen hat schon meine Oma so gemacht. Sie hat Opa damit fast um den Verstand gebracht. Aber wegen ihres sonnigen Gemüts, auch in den allerschwierigsten Zeiten

– von denen wir noch nicht mal im Ansatz eine Ahnung haben –, führte sie zeit ihres Erwachsenenlebens eine einzigartig glückliche Ehe.)

Sollten sich also zu diesem Zeitpunkt noch ruhebedürftige Familienangehörige im Haus aufhalten, schlage ich die Verlagerung des morgendlichen Gute-Laune-Singens ins Auto vor. (Achtung: Wenn du Cabrio fährst, nicht in Gegenden, wo dich jemand kennt!)

Stehe lieber ein bisschen früher auf, aber vergiss bloß nicht zu frühstücken. Wie, du magst morgens nichts essen? Macht nichts, eine gemütlich genossene Tasse Kaffee oder Tee tut es auch. Aber auf jeden Fall gemütlich und nicht in Hektik. Sonst ist der Tag gleich im Eimer.

Das Gedächtnis überlisten

Papier und Bleistift gehören in unserem Alter einfach dazu. Du kannst natürlich auch die neueren technischen Errungenschaften, wie z.B. einen Computer oder einen Palmtop, nutzen. Aber Listen werden jetzt immer wichtiger. Vor allem, da uns im Moment unser Kurzzeitgedächtnis das ein oder andere Schnippchen schlägt. Das soll angeblich hormonelle Ursachen haben und sich in ein paar Jahren wieder gelegt haben. Schau'n mer mal!

Und nun frisch ans Werk. Mache dir eine Liste, was du heute alles erledigen musst. Die unangenehmen Dinge zuerst. Und schreibe auf deine Liste auch, was du dir heute als Freude gönnen möchtest. Und welche Freude du deinem Süßen machen willst. Allein beim Aufschreiben wirst du merken, dass es überhaupt keinen Grund gibt, gestresst zu sein. Für sechs Telefonate, zwei Briefe und einen Termin braucht man gewöhnlich keine acht Stunden. Ein Vorteil von steigendem Alter ist auch die größere Routine, die du bei der Erledigung jedweder Arbeiten hast. Du kannst die Liste also relativ schnell abarbeiten. Und dir überlegen, was du sonst noch so alles mit diesem wunderbaren Tag anstellen könntest.

Wenn du mir jetzt noch versprichst, dass du dir heute garantiert keine Sorgen um Dinge machst, die du wirklich erst morgen erledigen kannst, dann wird es garantiert ein Supertag.

Kraftquellen

Während du früher fröhlich mit deinen Freundinnen gezecht und geschlemmt hast, macht ihr jetzt auf diszipliniert. »Nein, Herr Ober, keine Hauptspeise, ich hätte heute gern nur einen klitzekleinen Salat und eine Flasche Perrier.« Mensch, und dabei willst du über so kräftezehrende Themen wie die bevorstehende Mammographie oder die neue, blonde Sekretärin von deinem Alten reden? Kein Wunder, dass du dich immer seltener mit deinen Freundinnen triffst!

Das Thema Stoffwechsel hatten wir ja schon. Der macht dir jetzt ganz schön zu schaffen. Allerdings darf ich dir sagen, dass Salat und Selters absolut ungeeignete Mittel sind, damit fertig zu werden. Denn dein Körper gewöhnt sich an diese Armenspeisung dermaßen, dass du für den Rest deines Lebens ins Kaninchenfach wechseln kannst. Wenn du also im Moment schon beim Lesen einer fett gedruckten Überschrift ein Pfund zunimmst, dann mache nicht den Fehler dich von Knäckebrot, Magerquark und roher Paprika zu ernähren. Denn erstens kann man dabei keine gute Laune haben und die ist, wie wir ja bereits erschöpfend behandelt haben, Voraussetzung für deine Anziehungskraft. Und zweitens hilft selbst die magerste Magerkost nicht, wenn dein Körper beschlossen hat, Fett anzusetzen. Du hast jetzt zwei Möglichkeiten, diesem Phänomen zu begegnen. Entweder du ignorierst es lachend und findest dich damit ab, dass du ein paar Jahre lang eben ein bisschen runder bist. Oder du wechselst mal deine Hormontabletten. Ich bin nach jahrelanger Abstinenz und täglich rund zwanzig Schweißausbrüchen (die nächtlichen nicht mitgerechnet) auf den Knien zu meiner Gynäkologin gerutscht und habe um Hormone gebettelt. Seitdem trage ich Hormonpflaster. Und habe fünf Kilo abgenommen, ohne auch nur einen einzigen Tag Diät zu halten!

Wenn du jedoch von deinen kleinen Reservedepots so schlechte Laune bekommst, dass du absolut unerträglich wirst, dann empfehle ich noch die Schocktherapie. Bitte setze dich mit einem Mineralwasser in ein Café. Also, zum Beispiel in der Luxus-Bummelmeile deiner Stadt oder in einen Golf-, Tennis- oder Segelclub. Und dann schaue dir ganz genüsslich die Frauen so um die fünfzig an. Du wirst erstaunt sein, wie viele missgelaunte, zerknittert aussehende, dürre Zicken du da siehst. Jede Falte, die man so hat, doppelt so tief wie bei dir. Die vehemente Lebensfreude, die diese Damen ausstrahlen, nimmt dir spontan die Lust auf den nächsten Salat. Spätestens nach einer halben Stunde wirst du den Ober um die Speisekarte bitten und gleich einen halben Liter Wein bestellen. Na dann, wohl bekomm's.

Die Gute-Laune-Killer

Ein ewiger Quell ungebrochener Lebensmüdigkeit ist das Fernsehen. Täglich werden wir mit Horrormeldungen überschüttet, die vor allem die weiblichen Zuschauer in ihren schlimmsten Befürchtungen bestätigen. Das liegt vor allem daran, dass die armen Menschen, die ihr Brot mit Nachrichten verdienen, dringend auf schlechte angewiesen sind. Denn: Good news are no news oder auf gut Deutsch, gute Nachrichten verkaufen sich nicht. Schließlich geht es um Zuschauerquoten.

Ach, wie gerne lassen wir uns negativ beeinflussen. Endlich kommt einer und sagt uns, dass der Zustand der Welt absolut katastrophal sei. Genau, wussten wir ja schon immer. Wir geilen uns geradezu auf an diesem katastrophalen Zustand, bestätigt er uns doch, dass es für Optimismus zurzeit wirklich keinen Anlass gibt.

Wenn du zum Beispiel eine Neurodermitis hast, was eigentlich ganz normal ist bei all den schrecklichen Sorgen, die du dir ständig machst, kannst du dein Wehwehchen sofort zur globalen Katastrophe erklären und dir sagen, dass es ja kein Wunder ist, bei der schlimmen Luftverschmutzung. Nun würde ich dich zwar gern in dem Glauben lassen. Aber da du gegen die Luftverschmutzung relativ wenig, für deine psychische Ausgeglichenheit dagegen sehr viel tun kannst, muss ich dich leider daran erinnern, wie es früher in den Städten gestunken hat. Alle heizten mit Kohleöfen, der Katalysator war noch nicht erfunden und Filteranlagen in Fabriken waren eher selten. Im Ruhrgebiet mussten die Frauen einmal in der Woche Fenster putzen, damit man überhaupt noch einen Blick nach draußen hatte. Erstaunlich, dass es kaum Allergien gab.

Ach so, du hast keine Neurodermitis. Na dann vielleicht öfter Magenschmerzen. Kein Wunder! Du weißt schon gar nicht mehr, was man noch essen kann, es ist ja sowieso alles schädlich. Schau mal in den Spiegel, du bist groß und stark geworden mit Zeug, das heute jede Verbraucherschutzorganisation an den Pranger stellen würde. Oder glaubst du etwa, dass den Bauern früher Vorschriften gemacht wurden, wie viel Gülle sie auf ihre Felder werfen durften? Oder hat deine Mutter sich an so praktischen Aufdrucken wie Umweltengel, CMA-Gütezeichen, Herkunftszeichen oder gar Datumsangaben an Eiern orientieren können? Und? Wie viele Salmonellenvergiftungen hast du als Kind gehabt? Glaube mir, deine Magenschmerzen haben ganz andere Ursachen.

Genauso wie deine Falten. Die hast du natürlich von der unglaublichen Sonneneinstrahlung, die es seit neuestem gibt und nicht von deinem ausschweifend sorgenvollen Leben. Und deine Kopfschmerzen von der hohen Ozonbelastung und nicht von den Wechseljahren oder deiner Verkrampfung. Bei diesem Treibhauseffekt kein Wunder. Nein, Tabletten dagegen nimmst du nicht, denn die sind ja schädlich. Warum willst du eigentlich leiden, wenn es Chemie gibt?

Die Menschen werden immer älter, weil unsere Umwelt so geschädigt, das Essen quasi ungenießbar und Pillen schädlich sind. Freue dich, dass du überhaupt noch lebst. Denn deine natürliche Lebenserwartung hast du schon glatt um zehn Jahre überschritten! Also, lass dir von der schrecklichen Welt nicht die gute Laune verderben.

Man gönnt sich ja sonst nichts

Nachdem du nun endlich wieder vernünftig geworden bist, kommen dir auch gleich die richtigen Gedanken. Genau, es ist Zeit, dass du dir etwas Gutes tust. Wenn dein Frust sehr tief sitzt, kann das teuer werden. Aber egal Mädel, du hast es schließlich verdient. Also, auf zum Juwelier oder zum Buchhändler. Das kann für mindestens zwei Wochen deine Laune ins Unermessliche steigern. Bei weniger tief sitzendem Frust Massage, Kosmetik oder Theaterkasse. Tue einfach, was dir Spaß macht. Da ich bisher noch keine Frau getroffen habe, der Einkaufen keinen Spaß macht, ist das ein geeignetes Mittel zum Abbau von Frust.

Wenn deine Kreditkarte im Moment zu abgerubbelt ist, dann gibt es eine Menge kleiner Dinge, die großen Mädchen Freude machen, ohne sie zu ruinieren. Ein paar neue Strümpfe, die du mal nicht im Supermarkt kaufst, sondern in einer dieser wunderbaren, sündhaft teuren Strumpfboutiquen, reißen dein Konto nicht gleich in den Abgrund. Oder ein neuer BH, Seide mit Unmengen von Spitze. Die Auswahl in einem Dessousladen lässt dich für Stunden alle Sorgen vergessen. Kerzenläden, Laura-Ashley-Geschäfte, Handtaschenshops, all das ist geeignet, im Luxus abzutauchen. Und wenn du dann mit einer schön gestylten Tüte, die mit einer Kerze oder sonst einem überflüssigen Ding für drei Euro fünfzig gefüllt ist, nach Hause fährst, fühlst du dich garantiert besser.

Sollten diese kleine Schönheitspflästerchen nicht helfen, weil du zu viel Frust angestaut hast, dann musst du schwerere Geschütze auffahren. Also plane deine Wohnung zu renovieren, dir neue Möbel zu kaufen oder umzuziehen. Alleine die Suche nach einer Wohnung, nach neuen Möbeln, Vorhängen, Tapeten befriedigt dich über Monate hinweg. Vor allem, wenn du feststellst, dass das, was du hast, eigentlich viel schöner ist als alles andere.

Vom Picknick zum Cabrio

Ach so, du bist so frustriert, dass dir überhaupt nichts mehr Spaß macht. Also, dann helfen wieder nur noch: Papier und Bleistift. Leg' beides zurecht und dann überlege, was du eigentlich schon immer mal machen wolltest. Du wirst dich wundern, nach den ersten Minuten mit der Angst vor dem weißen Papier füllt sich deine Liste wie von selbst. Und du wirst immer verrückter: Wenn du z.B. mit so einfachen Sachen wie »Picknick machen« anfängst, landest du irgendwann vielleicht bei »Cabrio fahren« oder »Karneval in Venedig«. Also, lass die Phantasie schweifen. Und dann arbeite deine Liste ganz diszipliniert ab, so wie du es gewohnt bist. Punkt für Punkt. Wenn du das nicht tust, dann endest du wie Lucy Jordan. Du weißt doch, das ist die, die im zarten Alter von siebenunddreißig festgestellt hat, dass sie nie in einem Cabrio mit dem warmen Wind in ihren Haaren durch Paris fahren wird. Daraufhin musste sich die Arme das Leben nehmen.

Natürlich wirst du dir nicht alles leisten können, was du dir so erträumst. Aber du musst das Cabrio ja nicht gleich kaufen. Leih dir doch mal eins. Und mit Kleingeld ein Sparschwein zu füttern, auf dem steht »Karneval in Venedig«, ist schon die halbe Miete.

Selbst wenn du keinen Frust schiebst, tue dir etwas Gutes. Und zwar jeden Tag. Behandle dich einfach so wie einen Menschen, den du liebst. Ständig bringst du deinem Mann etwas mit, deine Kinder bekommen immer was zugesteckt und du bleibst auf der Strecke. Schluss damit, du weißt doch, was dir droht. Herabhängende Mundwinkel und Schultern.

Die Seele bügeln

Erinnerst du dich noch, wie du als Kind warst? Stundenlang hast du mit leuchtenden Augen von deiner neuen Puppe, von einem neuen Spiel, von deiner neuen Freundin geschwärmt. Und jetzt? Irgendwie begeistert dich nichts mehr so richtig. Das ist ein untrügliches Zeichen für Anhedonie (volkstümlich: Totenstarre). Als ich an diesem Punkt angelangt war, bin ich durch Zufall auf etwas gestoßen, was mich begeistert.

Wenn meine Nachbarn mich an einem gewöhnlichen Wochentag auf der Straße treffen, müssen sie zweimal hingucken, bevor sie mich erkennen. Denn normalerweise sehen sie mich nur am Wochenende. Und da trage ich Tarnfarbe. Egal, welches Wetter es ist, am Wochenende hält mich nichts im Bett. Während ich Montag- bis Freitagmorgens Mühe habe, den Federn zu entsteigen, am Wochenende bin ich um Punkt acht wach. Und scharre mit den Füßen. Wenn mein Mann noch schläft, zapple ich so lange im Bett herum, bis er aufwacht. Und wenn das nichts hilft, schicke ich ihm meine zwei Perserkatzen auf den Bauch. Das hilft immer. Schnell frühstücken und dann sieht mein Liebster nur noch eine Staubwolke.

Denn ich bin im Gartencenter. Dort kaufe ich Pflanzen, von denen ich bis vor drei Jahren noch nicht mal wusste, dass es sie gibt. Und danach liege ich in meinem Mixed Border (für Nichtgartenfans: Das ist ein bunt gemischtes Staudenbeet) und buddele ein, aus und um. Vor lauter Begeisterung beschmiere ich mich natürlich mit Erde, hauptsächlich im Gesicht. Wenn draußen auf dem Radweg die Pferde vorbeihoppeln, dann renne ich mit Eimer und Schippe hinaus und sammle Pferdeäppel als Naturdünger ein. Wenn es heiß ist, klatschen meine Haare an, wenn es regnet auch. So kennen mich meine Nachbarn.

Mein Mann kennt mich nach so einem Gartentag kaum wieder. Ich übrigens auch nicht, wenn ich in den Spiegel gucke. Ich bin zwar völlig verdreckt, aber meine Augen leuchten, mein Gesicht hat sich geglättet, wie keine Anti-Aging-Super-Trooper-Creme es je schaffen würde. Und ich schneide glücklich Sträuße, mit denen ich jeden beglücke, der nicht schnell genug weglaufen kann. Wenn wir an so einem Abend nicht gerade Gäste haben oder irgendwo eingeladen sind (was sich wegen des zu erwartenden Hexenschusses sowieso nicht anbietet), dann quatsche ich ohne Punkt und Komma meinen Mann mit meinen neuen Gartenplänen voll. Komisch, dass er mir meistens an solchen Tagen sagt, dass er mich liebt.

Du hast keinen Garten. Und Arbeit ist für dich am Wochenende nichts? Aber es gibt bestimmt irgend etwas, was dich begeistert. Segeln, Reiten, Fischen, Malen, Dekorieren, Bücher schreiben, Opern besuchen, Reisen. Egal, wofür du dich begeistern kannst, begeistere dich. Es gibt unendlich viel unter Gottes Himmel, wofür man sich begeistern kann. Sich mit etwas zu beschäftigen, was man liebt, ist einfach ein Jungbrunnen. Das ist das ganze verdammte Geheimnis des Lebens!

Richtig reinknien

Wenn du dich für etwas entschieden hast, dann bleibe dabei. Es ist wichtig, dass du dich informierst, Fachliteratur liest, mit Gleichgesinnten plauderst, übst. Nicht immer macht etwas von Anfang an Spaß. Früher war Unkraut jäten für mich Strafarbeit, wenn ich mal wieder eine schlechte Zensur in der Schule bekommen hatte. Aber jedes Lebensalter hat nun mal seine eigenen Begeisterungen. Und davon kannst du eine ganze Woche zehren. Immer, wenn üble Gedanken oder Realeres dich plagen, kannst du abtauchen in irgendwelche Liebhaberzeitschriften oder dir ausmalen, was du als nächstes machen willst.

Bitte verstehe mich richtig: Ich will dir hier kein Rezept unter dem Motto »Verwirkliche dich selbst und mach' einen Töpferkurs« geben. Ich will nur, dass du bald mal wieder, glücklich wie ein Kind, mit der Zunge im Mundwinkel, selbstvergessen etwas tust, was alles Belastende für ein paar Stunden verdrängt. Oder hast du schon mal jemanden getroffen, der begeistert von der Fernsehcouch aufgesprungen ist und mit leuchtenden Kinderaugen erzählt hat, wie toll die letzte Ausgabe von Glücksrad war? Also, ran an den Speck. Heute!

Der richtige Moment

Stichwort heute: Übermorgen ist der zweite Tag, an dem ich nicht rauche. Oder Diät halte oder das Finanzamt anrufe oder, oder, oder. Der Mensch neigt dazu, unangenehme Dinge auf morgen zu verschieben. Allerdings werden die Dinge von Tag zu Tag unangenehmer, so dass die schlechte Laune, die du davon bekommst, dir mehr als einen Tag versaut. Der kleine Gedanke »morgen« hat schon so manchen davon abgehalten zu leben.

Meine Mutter hat achtzehn Jahre lang auf den richtigen Moment gewartet, um mit meinem Vater über seine Freundin zu reden. Jetzt hat Mutti Alzheimer und die Freundin vergessen.

Auf dem Schreibtisch lauert die Steuererklärung. Ohne die Rückzahlung kannst du deinen nächsten Urlaub in der Pfeife rauchen. Aber heute, also heute geht es wirklich nicht, man sieht ja schon gar nichts mehr durch die Fenster. Also auf zum Fensterputz, damit Licht auf die Steuererklärung und den darauf liegenden Staub fallen kann. Am nächsten Wochenende ist auch noch ein Samstag. Am nächsten Samstag ist der Staub auf der Steuererklärung erheblich angestiegen. Aber heute ist wirklich nicht der richtige Tag, sich mit so was zu befassen. Erst einmal muss der Balkon bepflanzt werden, denn wenn du dich schon über Zahlen ärgern musst, dann willst du dich hinterher wenigstens an den Blümchen freuen. Also auf ins Gartencenter. Der nächste Samstag kommt bestimmt. Und mit ihm die Gäste. Also wird der Staub auf der Steuererklärung abgepustet, weggewedelt und dann wird das Ding in die Schublade verstaut. Da sieht und hört es niemand und am nächsten Samstag hast du es einfach vergessen.

Zehn Wochen später fällt es dir ein, ach ja, Mensch, die Steuererklärung. Also am nächsten Samstag ist sie dran, ohne Wenn und Aber. Am nächsten Samstag scheint aber so gnadenlos die Sonne, dass es wirklich schade wäre, wenn man so einen Tag am Schreibtisch verbringt. Das wird doch wohl noch eine Woche warten können, oder was? Kann es nicht, denn am nächsten Samstag feiert der beste Freund seinen sechzigsten Geburtstag und da muss man natürlich hin. Aber übernächsten, oh weia, es ist schon Juli. Also jetzt aber. Du bist die ganze Woche schlecht gelaunt, denn du weißt, wenn du es jetzt nicht packst, dann kannst du wirklich nicht in den Skiurlaub fahren. Also krümmst du dich innerlich von Montag bis Freitagmittag und kriegst bereits Freitag einen Wutanfall, weil dir ein absolut versautes Wochenende bevorsteht. Nachdem du es endlich geschafft hast, schickst du das Ding an das Finanzamt und das lässt neun Monate nichts von sich hören. Irgendwann nimmst du das Telefon und fragst mal nach. Noch nicht dran, natürlich, wieso haben Sie auch so spät eingereicht. Du beißt dir auf die Zunge, weil du mit einem fundamentalen Wutanfall bestimmt nicht schneller abgefertigt wirst. Das nennt man Selbstsabotage.

Kleine Siege

Die Schraube der Selbstsabotage kann man ins Unendliche drehen. Was dabei herauskommt, kennst du zur Genüge. Trotzdem drückst du dich, wo du kannst, vor unangenehmen Pflichten. Allerdings wären diese kleinen, unangenehmen Pflichten gerade jetzt das beste Heilmittel gegen depressive Anfälle. Denn kleine Aufgaben gut zu erledigen, würde dein Selbstwertgefühl auf der Richterskala um mindestens zehn Punkte nach oben katapultieren. Also, ran an den Speck. Komm, wir spielen das Listenspiel.

Was hast du in den letzten Wochen liegen gelassen? Ärzterechnungen nicht an die Krankenkasse eingereicht, Falschparkzettel nicht bezahlt, keine Buntwäsche gewaschen, die Geschirrspülmaschine nicht entkalkt, die regelmäßige Vorsorgeuntersuchung geschwänzt? Wie jetzt, du hast für solche Kleinigkeiten keine Zeit? Und warum sitzt du dann ständig in der Ecke und grübelst über deine Zukunft? Genau. Weil du deine gesamte private Zeit damit verplemperst, entweder miesen Gedanken nachzuhängen oder Vermeidungsstrategien zu erfinden.

Und glaube bloß nicht, dass dir das alleine so geht. Ich verrate dir ein Geheimnis: Dreiviertel dieses Buches habe ich in einem Rutsch runtergeschrieben. Und es dann drei Jahre liegen lassen. Weil ich einfach nicht dazu gekommen bin, bei all dem schrecklichen Stress, den ich hatte. Dass ich in der Zwischenzeit neben meinem Job noch ungefähr zweihundert Romane und einhundert Sachbücher verschlungen, selber einen Kriminalroman geschrieben habe, jeden Tag in meiner Internet-Gemeinde ungefähr zehn E-Mails und jeden Monat mindestens eine Kurzgeschichte geschrieben habe, bleibt aber wirklich unter uns. Es musste erst einmal wieder Silvester werden, damit ich mich an gute Vorsätze erinnern und wieder neu anfangen konnte. Und das einzige, was mir dabei geholfen hat, war eine Deadline. Ich habe mir nämlich gesagt, verdammt noch mal, du wirst bald fünfzig. Und wenn du bis dahin nicht wenigstens ein Buch veröffentlicht hast, dann bist du eine Flasche. Das hat nachhaltig geholfen.

Du verlierst nur deine Brille und nicht den Verstand

Es gibt Tage, da bist du sicher, dass du jetzt wirklich reif für die Klapse bist. Schon beim Verlassen des Hauses denkst du, ich muss unbedingt Kaffeesahne kaufen. Im Auto fällt dir auf, dass du deine Lesebrille hast liegen lassen. Da du natürlich zu faul bist, die paar Schritte nach oben zu gehen, muss es eben ohne Brille gehen. Du hast ja auch nicht viel auf deinem Einkaufszettel, Kaffeesahne, Salat, Selters, Steaks und Spülmittel. Wo war jetzt nur die Brille zum Autofahren? Nachdem dir dein Augenarzt zartfühlend mitgeteilt hast, dass du jetzt altersschwachsichtig bist, suchst du ständig nach irgendeiner Brille. Der zum Lesen und der zum Fernsehen und der zum Autofahren und der Gleitsichtbrille, wenn es hart auf hart kommt. Die Gleitsicht liegt natürlich irgendwo im Büro in der Schublade, glaubst du wenigstens. Wird also gehen im Büro, wenn auch mit Kopfschmerzen. Im Büro stellst du natürlich fest, dass die Gleitsichtbrille sich nicht da befindet, wo du sie vermutet hast, sprich, du sitzt den ganzen Tag mit zusammengekniffenen Augen über einer Exceltabelle oder einer Rechnung in neun Punkt. Deine Vermutung, dass das nur jemand unter dreißig geschrieben haben kann, könnte hinkommen.

Auf die Frage deiner jüngeren Kollegin, ob du den Brief an Herrn Meier geschrieben hast, fragst du, welchen Brief an welchen Herrn Meier. Sie sieht dich ein bisschen komisch an und du argwöhnst, dass dir etwas ganz Wichtiges durchgerutscht sei. Wenn du jetzt antwortest: »Ach so, ja, Herrn Meier, natürlich«, dann begibst du dich in eine Zwickmühle. Denn in der nächsten halben Stunde wirst du grübeln, wer zum Teufel Herr Meier ist, an den du einen Brief schicken wolltest, nur um dann eine dezente Frage zu stellen, die dich imagemäßig in die Nähe der Nervenheilanstalt bringen wird. Wenn deine Unterlagen also nicht absolut topfit sind, könntest du ziemliche Schwierigkeiten bekommen. Jetzt heißt es also improvisieren.

Du schaust deine junge Kollegin streng an und sagst: »Sie meinen sicher Herrn Müller?« Mit ziemlich hoher Wahrscheinlichkeit wird sie sagen: »Nee, ich meine Herrn Meier von den Städtischen Verkehrsbetrieben.« Bums, alles wieder da. Du schiebst ein »Ach so, ich dachte, sie sprechen von Herrn Müller von der Deutschen Bundesbahn« nach und die Situation ist gerettet.

Nachdem du dich also weiter durch den Tag gezwinkert hast, stürmst du den Supermarkt und kaufst Steaks, Selters, Salat und Spülmittel. Kaum hast du zu Hause die Tür aufgeschlossen, fällt dir ein, dass du Kaffeesahne kaufen wolltest. Du schmeißt Steaks, Selters, Salat und Spülmittel in die Ecke, dich selbst in den nächsten Sessel und heulst wie ein einsamer Wolf. Nein, meine Liebe, du hast nicht den Verstand verloren. Dein Kurzzeitgedächtnis lässt dich jetzt ab und an im Stich.

Stell dir dein Gehirn mal als Umspannwerk vor. Bisher warst du auf Wechselstrom mit monatlichen Hormonschüben. Der Wechselstrom wird in deinem Gehirn jetzt auf Gleichstrom umgepolt, ein ziemlich anstrengender Prozess, der mehr Energie verbraucht, als du gelegentlich hast. Also keine Angst, du verlierst nicht den Verstand, nur deine Brille, die du mit ziemlicher Sicherheit neben der Waschmaschine wieder finden wirst, weil du gestern in der Gebrauchsanweisung nachgeguckt hast, wie man das Flusensieb reinigt.

Also, mache dir jeden Tag einen Plan und klebe dir, wenn nötig, kleine Zettelchen irgendwohin. Brille dabei? Geldbörse eingesteckt? Kaffeesahne!

Dem Glück eine Chance geben

Hast du mal nachgerechnet, wie viele Stunden Freizeit du in der Woche hast? Unsere Freizeitgesellschaft hat die Vierzig-Stunden-Woche noch nicht abgeschafft. Das ist die Zeit, die dir nach Abzug der notwendigen Versorgungsaufwendungen, wie zum Beispiel Waschen oder Essen kochen, bleibt, um dein persönliches Leben zu gestalten. Vierzig Stunden! Stunden, in denen du unternehmen kannst, was du willst. Allerdings kannst du dich auch nicht bei der Gewerkschaft beschweren, wenn du nichts unternimmst, sondern nur dem Leben anderer im Fernsehen zuschaust.

Wenn du dich das nächste Mal nach vier Wochen mit deiner Freundin triffst und du auf die Frage »Was gibt's Neues?« mit »Nichts« antworten musst, dann solltest du ernsthaft darüber nachdenken, ob du entweder in das typische Tussiverhalten zurückgefallen bist (bloß nicht angeben, sie könnte neidisch werden) oder ob dein Kommentar genau das ausdrückt, was dein Leben ausmacht: nichts Neues. Wenn das letztere zutrifft, dann solltest du darüber nachdenken, ob du so bis ans Ende deiner Tage vegetieren willst. Ich verweise hier nachdrücklich auf das Kapitel »Nutze die Nacht«.

Du kennst doch den alten Witz von Joschele, der Gott darum bittet, ihn zum Lottomillionär zu machen. Und

Gott antwortet auf sein Gebet: »Joschele, gib mir eine Chance. Spiel Lotto!«

Freundschaften entrümpeln

Du schaust dich in deinem Freundeskreis um und hast keine Lust. Weder auf Ulrike noch auf Gabi. Immer wenn du mit Ulrike unterwegs warst, kommst du völlig entnervt nach Hause. Ulrike hat seit zwanzig Jahren das gleiche Problem und es wird jedesmal wieder gedreht und gewendet. Wenn du sagst, dass es dir beschissen geht, dann schaut Ulrike dich an und erzählt dir, wie gut du es hast. Vielleicht stimmt das sogar, aber sie erzählt es dir vor allem, um dir nicht zuhören zu müssen. Deine Treffen mit Ulrike werden immer seltener. Hast Du schon mal daran gedacht, die Freundschaft zu Ulrike einfach einschlafen zu lassen? Nein? Warum nicht? Kannst du dir diese Zeit- und Gute-Laune-Killer wirklich noch leisten?

Natürlich, du bist mit Ulrike seit zwanzig Jahren befreundet. Damals ward ihr in der gleichen Situation, nämlich auf der Suche nach einem Mann. Und? Was verbindet euch heute noch? Du bist inzwischen das zweite Mal verheiratet und Ulrike sucht immer noch.

Mit Gabi geht es dir ähnlich. Gabi hast du in der Krabbelgruppe deiner Ältesten kennen gelernt. Ihr habt zusammen mit den Kinderwagen lustige Ausflüge gemacht. Während du, seitdem deine Jüngste in die Schule kam, immer gearbeitet hast, lebt Gabi von ihrem geschiedenen Ehemann und das nicht schlecht. Die Treffen mit Gabi fangen immer ganz harmlos an, enden aber immer bei Gabis Selbstmitleid. Irgendwann schaust du verstohlen auf die Uhr und murmelst was von »mein Mann wartet«. Wenn du ehrlich mit dir selbst bist, gibt es vielleicht außer ein paar lustigen Erinnerungen an Kindergeburtstage bei McDonalds und wie ihr sie überlebt habt wirklich nichts, worüber du mit Gabi reden könntest. Warum also spielst du die treu sorgende Freundin?

Und dann ist da noch Stefanie, sie war früher in der Schule deine beste Freundin. Stefanie ist Professorin für ostasiatische Kunst und lebt mit einem Architekten zusammen. Wenn du bei den beiden eingeladen bist, ziehst du dich extra warm an, weil es in ihrem Haus so aussieht, als ob die kleine Eiszeit ausgebrochen ist. Beim Essen fragst du dich, ob das, was da auf dem Tisch steht, zum Verzehr oder zur Dekoration bestimmt ist. Mühsam sucht ihr nach Themen, über die ihr euch unterhalten könnt. Du findest moderne Architektur beziehungsweise das, was der Angetraute deiner Freundin daraus macht, schrecklich und enthältst dich jeder Bemerkung über seine neuesten Objekte, die für deinen Geschmack aussehen wie Frauengefängnisse oder Bunkeranlagen. Auch über Kunst kannst du mit Stefanie nicht reden, dann alles, was auch nur einen Touch europäisch ist, kommentiert sie mit einer hochgezogenen Augenbraue. Natürlich traust du dich auch nicht, von deinem letzten Urlaub auf Mallorca zu erzählen, denn dann folgt sofort ein Bericht über die Wahnsinnsausstellung in Singapur, zu der sie mal eben gejettet sind. Ich kann dich trösten, auch Stefanie und ihr Architekt fühlen sich bei euch zu Hause nicht wohl. Sie nennen dich, wenn sie unter sich sind, »Laura Crashley« und futtern vor jedem Besuch Magentabletten. Warum zum Teufel tut ihr euch das an? So lustig war eure Abifete doch gar nicht, dass ihr dreißig Jahre lang davon zehren könntet.

Wenn du also schon dabei bist, dich von all dem Seelenmüll zu trennen, der dich zu vergiften anfängt, dann überleg doch gleich, ob du dich mit anderen Menschen nicht viel wohler fühlen würdest. Du meinst, die müsstest du erst einmal kennen lernen? Schau doch mal ins Internet. Der Vorteil dieses Mediums ist, dass du gezielt nach Menschen suchen kannst, die genau die gleichen Interessen haben wie du. Und die ändern sich nun mal bekanntlich im Laufe des Lebens.

7. Nutze die Nacht

Nächtliche Missgeburten

Du hast mal wieder eine schlaflose Nacht. Nach dem ersten Schweißausbruch stürmst du ins Bad und greifst zwei aprilfrisch gespülte Handtücher. Danach ist mit Schlafen überhaupt nichts mehr. Deine Gedanken kreißen und gebären nur Horrorszenarien.

Und das sieht dann in etwa so aus: Du denkst an dein hoffnungslos überzogenes Konto und betest, dass die Überweisung, die du ausgefüllt hast, überhaupt noch abgebucht wird. Mühsam zählst du an den Fingern ab, dass es bis zur nächsten Steuerrückzahlung noch acht Monate sind, sprich: fast ein Jahr, bis das Finanzamt deine Not ein bisschen lindern hilft.

Während du merkst, dass sich ein zweiter Schweißausbruch ankündigt, denkst du mit Schrecken an deine Mutter. Ihre Augen sind so schwach geworden, dass eigentlich nur noch ein Pflegeheim hilft. Was, um Gottes willen, so fragst du dich, machst du dann mit deinem herzkranken Vater? Du wälzt dich von einer Seite auf die andere, dein Puls rast. In den letzten sieben Monaten hast du nicht nur ein bemerkenswertes Minus auf dem Konto, sondern auch beim Besuch deiner Eltern zehn Krankenhäuser von innen gesehen.

Im Zweifelsfalle schnarcht dein Mann neben dir so

laut, dass an schlafen nun überhaupt nicht mehr zu denken ist. Eventuell schnarcht auch nur dein Hund oder schnurrt deine Katze oder der Vollmond scheint durch die angeblich blickdichten Gardinen.

Deine Gedanken wandern zu deinem Job. Himmel, dir wird immer heißer. Die Kleine, die man jetzt als deine Assistentin eingestellt hat, ist so ehrgeizig wie du vor zwanzig Jahren. Es ist nur eine Frage der Zeit, wann sie deinen Job für ein Drittel deines Gehaltes übernehmen wird. Und wovon du dann diese blöde Eigentumswohnung, die man dir als Steuersparmodell angedreht hat, finanzieren sollst, ist dir komplett unklar. Insbesondere, da du in einem noch nicht voll abbezahlten Haus wohnst und deine Kinder mit steigendem Alter offensichtlich immer mehr Geld brauchen. Wovon zum Teufel sollst du das alles bezahlen, zumal – günstigstenfalls – dein Liebster gerade ebenfalls in einer wirtschaftlichen Krise steckt. Ungünstigstenfalls steckt eure Beziehung in einer Krise. Am ungünstigsten trifft beides zu. Am allerungünstigsten ist es wenn du alleine bist, denn dann hast du den ganzen Mist alleine an der Backe. (Das hast du zwar auch, wenn du in einer Beziehung lebst, aber das tröstet dich überhaupt nicht.)

So oder ähnlich spielen sich in den letzten Jahren immer häufiger deine Nächte ab. Wobei du, wenn du um halb vier mit deinem Konto anfängst, garantiert um sieben wieder dort landest. Deine Gedanken neigen dazu, sich völlig unproduktiv im Kreis zu drehen. Der Philosoph Michel Eyquem de Montaigne (16. Jahrhundert immerhin) hat mal gesagt, »Mein Leben war voll von fürchterlichem Unglück, das meistens gar nicht passiert ist.«

Verzeihe dir selbst

Das Schlimmste in diesen Jahren des Wechsels sind deine Zweifel an dir und deinen Charaktereigenschaften. In den unzähligen schlaflosen Nächten haderst du mit deinen Schwächen, die plötzlich offen vor dir liegen. Und du erkennst, dass es die gleichen Schwächen sind, die dich an deiner Mutter lebenslang gestört und die du an deinem Vater so gehasst hast. Überhaupt scheinen wir mit zunehmendem Alter unseren Eltern immer ähnlicher zu werden. Wenn du dein ganzes Leben lang davon überzeugt warst, dass du jede Herausforderung freudig annehmen würdest, stellst du plötzlich fest, dass du die gleichen Vermeidungsstrategien hast wie Mutti. Oder du siehst, dass du genauso ungerecht und übellaunig sein kannst wie Vati. Zum ersten Mal erkennst du, dass du ein übersteigertes Harmoniebedürfnis hast oder ein überzogenes Kontrollbedürfnis. Das bringt dich schier zur Raserei, denn genau das konntest du an anderen Menschen noch nie leiden. Deine eigene Feigheit schlägt dir ins Gesicht wie der faulige Atem des Mannes neben dir in der U-Bahn. Deine Antriebslosigkeit macht dich wahnsinnig und natürlich gibt es immer wieder Tage, an denen du morgens aus dem Bett springst und dir schwörst: Ab heute wird alles anders. Dieser gute Vorsatz hält ungefähr bis zum Abräumen des Frühstückstisches. Natürlich kannst du noch viele Jahre so weitermachen. Das führt ausschließlich dazu, dass du dich von Tag zu Tag schlechter fühlst, dich immer kleiner machst und zum Schluss überhaupt nicht mehr leiden magst.

Verabschiede dich einfach von dem Gedanken, dass du dich noch ändern kannst. Dazu bist du entschieden zu alt. Schau dir mal die Menschen an, die du magst.

Da ist deine Freundin Annette. Sie klatscht und tratsch gern, kommt regelmäßig zu spät und redet ohne Punkt und Komma. Trotzdem ist sie deine beste Freundin. Denn mit Annette kannst du sogar noch lachen, wenn dir eigentlich zum Weinen zumute ist. Annette hat immer zu dir gehalten und ist das warmherzigste Wesen, das du in deinem Leben getroffen hast. Du verzeihst ihr seit fünfunddreißig Jahren, dass du jedes Mal, wenn ihr euch trefft, mindestens zwanzig Minuten warten musst.

Oder da ist deine Tochter. Sie ist bildhübsch, begabt und emsig im Beruf. Aber in ihrer kleinen Wohnung sieht es immer aus, als ob gerade eine wilde Party gefeiert worden wäre. Du kannst die Wohnung nur betreten, wenn du ohne zu atmen zum nächsten Fenster stiefelst und es aufreißt. Trotzdem schwärmst du allen Freunden vor, was für eine tolle Tochter du hast.

Denk mal an deinen Mann. Er hat zehn Kilo Übergewicht, kaum noch Haare und wird nicht gerade vom Ehrgeiz zerfressen. Dafür kann er zehngängige Menüs kochen, kennt von den besten Lagen die besten Jahrgänge und sammelt wie ein Eichhörnchen das ganze Jahr hübsche Sachen, die er dir zum Geburtstag schenken will. Er vergisst nie euren Hochzeitstag und bringt dir am Freitag frische Blumen mit. Was macht da schon eine Glatze oder vielleicht eine nur mittelprächtige Position im Beruf. Du liebst ihn genau so, wie er ist.

Schau dir mal deine Katze an. Die klaut dir regelmäßig die Wurst vom Brot, pinkelt neben ihre Katzentoilette und hält deine Seidenbluse für eine fantastische Schaukel. Liebst du sie deshalb weniger? Nicht eine Sekunde, stimmts?

Wenn du also bereit und willens bist, anderen ihre Fehler zu verzeihen, warum zum Teufel verzeihst du dir nicht selbst? Kein Mensch auf dieser Welt ist perfekt, warum willst du unbedingt die Erste sein, die einen hundertprozentigen Perfektionsgrad erreicht?

Setz dich also, wenn du nicht schlafen kannst, in deinen Lieblingssessel.

Nimm dir Papier und Kugelschreiber und dann schreibe auf, was du an dir magst und was du verabscheust. Du wirst zu deinem größten Erstaunen feststellen, dass die Liste mit dem, was du wirklich an dir magst, mindestens dreimal so lang ist wie die Eigenschaften, für die du dich in deinen dunklen Stunden schämst. Und nun überlege mal, dass du trotz dieser schlechten Eigenschaften eigentlich bisher ganz gut durch die Welt gekommen bist. Und dann verzeihe dir.

Die eigene Biografie akzeptieren

Nicht wenige von uns stapfen regelmäßig zum Psychotherapeuten. Nichts gegen Psychotherapeuten, es gibt Menschen, die dort ganz gut aufgehoben sind. Die meisten Menschen kommen aber auch ohne gut zurecht. Was nicht heißt, dass man sich nicht mal Gedanken darüber machen sollte, wieso man eigentlich so geworden ist, wie man nun mal ist. Warum also dieses Harmonie- oder Kontrollbedürfnis, diese Feigheit, dieser Neid, diese Verklemmtheit oder was auch immer?

Das Leben, das wir gelebt haben, die ganzen letzten vierzignochwas Jahre haben ihre Spuren in unserem Charakter hinterlassen. Und nicht selten fragen wir uns, warum nur habe ich damals so und nicht anders gehandelt? Warum bin ich so geworden, wie ich bin? Es schadet nichts, das zu erkennen. Aber wir können gar nicht früh genug damit anfangen, endlich Frieden mit unserem Leben zu schließen und aufzuhören, uns wegen der Fehler, die wir in der Vergangenheit gemacht haben, für den Rest unseres Lebens zu martern.

Das Ende des Lebens unserer Eltern ist für uns Kinder auch immer eine Reise in die eigene Vergangenheit. Jedes Mal, wenn wir neben ihrem Bett sitzen, denken wir an früher. An unsere Kindheit, an unsere Wunden, die zu Narben geworden sind, an die Vergänglichkeit des Seins. Wir kapieren, dass alles endlich ist, dass die Zeit, die uns selbst noch bleibt, so verdammt kurz ist.

Und genau darin liegt jetzt unsere Chance. Nämlich uns endlich so zu nehmen, wie wir sind, endlich den eigenen Weg als den einzig richtigen für uns zu sehen, endlich nicht mehr abhängig zu sein von der Meinung der anderen. Und uns darüber klar zu werden, dass jeder Tag, der uns noch bleibt, es wert ist, genossen zu werden. Mit allen Sinnen die Sekunden, Minuten, Stunden genießen und leben. Auch wenn die Probleme uns drücken, so geht es uns einfach viel besser als den alten Menschen, die jede Stunde ängstlich zählen und traurig sind, weil sie so viele Stunden in ihrem Leben verschwendet haben.

Die Sorgenrelativitätstheorie

Weißt du noch, wie es war, als du genau wusstest, dass heute der blaue Brief aus der Schule angekommen sein musste? Du wusstest auch schon vorher, dass das passieren wird und hast nächtelang nicht geschlafen und bist fast verrückt geworden vor Angst. Und dann kam der Tag der Wahrheit. Eigentlich hast du dich gar nicht nach Hause getraut, aber wo solltest du denn hin? Also hast du die Zähne zusammengebissen und bist – mit hängendem Kopf und Schultern – in Erwartung eines galaktischen Donnerwetters in die Wohnung geschlichen. Das kam so sicher, wie jede Ampel auf Gelb springt und eigentlich war die Angst vorher viel schlimmer als das galaktische Donnerwetter, denn danach war es vorbei. Du bist in dein Zimmer getrabt, hast dich aufs Bett gelegt und erlösende Tränen geheult.

Ich entsinne mich sehr gut an den Tag, als ich einen Anruf aus dem Krankenhaus bekam, dass ich sofort kommen sollte, weil mein Vater eine Notoperation hatte. Also habe ich mich ins nächste Taxi geschmissen und bin zum Krankenhaus gedüst. Ich hatte Herzrasen, der Speichel sammelte sich in meinem Mund, ich musste aufs Klo, kurz: Panik. Meine Hände zitterten so sehr, dass ich kaum die Geldbörse aufbekommen habe. Und dann bin ich aus dem Taxi ausgestiegen und habe gedacht: Ach ja, also das ist Todesangst. Als ich im Foyer des Krankenhauses stand, hätte ich fast getobt. Denn in diesem Augenblick fiel es mir wie Schuppen aus den Haaren. Ich kannte dieses Gefühl, ich kannte es mein ganzes Leben lang. Das, was ich hatte, damals als Kind, war genau das gleiche Gefühl: Todesangst. Wegen eines blauen Briefes.

Kurzum: Das Kind, das sitzen zu bleiben droht, hat genauso viel Angst wie eine Frau, die gerade ihren Job verloren hat. Es gibt keine Messskala für große Sorgen, große Sorgen sind relativ.

Und dann schau dich mal um: Deine beste Freundin hat gerade ihren Job bei der Bank verloren. Deine andere

Freundin ist von ihrem Mann verlassen worden. Bei der nächsten Freundin hat man Brustkrebs festgestellt, die Notarin musste ihre Sekretärin entlassen, die Gynäkologin bietet dir an, Collagen unter deine Nasenfalten zu spritzen, die Nachbarin rennt jeden Tag zu ihrer Mutter, um sie zu füttern und zu wickeln und der Sohn deiner Friseuse ist heroinabhängig. Alle Menschen haben Probleme, sie gehören zum Leben wie Frühling, Sommer, Herbst und Winter. Nicht, dass die Arbeitslosigkeit deiner Freundin deine Angst um deinen Arbeitsplatz in irgendeiner Weise mindert. Aber eine Zeit ohne Probleme gibt es nicht und zu wissen, dass wir nicht allein sind, kann schon ein bisschen helfen.

Einfach lächerlich

Neben deinem Lieblingssessel solltest du wirklich immer Papier und Bleistift deponiert haben. Wann immer irgendwelche Selbstzweifel dich packen, mache Dir eine Liste. Schreibe doch mal auf, was du in deinem Leben schon so alles geleistet hast. Alles, worauf du immer so stolz warst. Da kommt ganz schön was zusammen. Und einer solchen Frau mit Tatkraft und Mut traust du nicht zu, so lächerliche Probleme wie deine jetzigen zu lösen?

Steck' dir genüsslich eine Zigarette an oder – falls du inzwischen zur Nichtraucherin geworden bist – ein Bonbon in den Mund. Davon wirst du auch nicht gleich platzen. Und jetzt überlege mal, seit wann es dir so bescheiden geht. Genau: Wechseljahre. Die treffen zusammen mit der Vergreisung deiner Eltern und dem Auszug deiner Kinder. Und genauso treffen sie zusammen mit dem

Höhepunkt deines Lebens. Was bedeutet, dass es dir noch nie so gut gegangen ist. Was aber auch bedeutet, dass du jetzt etwas zu verlieren hast.

Wechseljahre heißen deshalb Wechseljahre, weil du ohne Vorwarnung von dem ehrgeizigen Mädchen, das versucht, seine Träume zu verwirklichen, zu einer erwachsenen Frau wechselst, die ihre Träume schon lebt und dieses Leben um jeden Preis behalten will. Vom Aufbauen zum Bewahren. Dass dich das irritiert, ist vollkommen klar. Früher hast du selig von genau der Zukunft geträumt, die du heute lebst. Und schon hast du Angst, die Zukunft hinter dir zu haben. Das Ganze passierte sozusagen über Nacht.

Wenn wir jetzt mal die hormonelle Seite vergessen, dann gibt es überhaupt keinen Grund für Depressionen. Warum eigentlich solltest du morgen das Geld, das du heute verdienst, nicht mehr verdienen? Bei deiner Erfahrung! Warum sollte jemand dir deinen Job wegnehmen, wo du gerade genau die Routine hast, die man braucht, um ihn zu behalten. Ich sage dir warum. Weil du zum ersten Mal in deinem Leben erkannt hast, dass alles endlich ist. So wie deine Eltern. Wie deine Jugend. Das macht dir unheimliche Angst.

Und nun denk einmal daran, wie du dein Leben aus dem Nichts aufgebaut hast. Angst hattest du keine, weil du ja nicht wusstest, was auf dich zukam. Am Anfang stand also nur eine Vision.

Dein wirkliches Problem ist, dass du nicht mehr weißt, wo du mit deinem süßen kleinen Hintern noch hin willst. In solchen Nächten glaubt man leicht, die gesamte Fülle des Lebens bereits ausgekostet zu haben. Irrtum! Suche dir neue Visionen, statt dich im Kreis zu drehen.

Glaubst du im Ernst, dass du jetzt, wo du in den Wechseljahren bist, nicht mehr leistungsfähig bist und reif für die Biomülltonne? Den Quatsch kannst du bei akutem Rückfall deinem Friseur erzählen. Aber wenn du ehrlich bist, hast du den Sprung zu deinem wirklichen erfüllten Leben in den letzten drei, vier Jahren gemacht. Trotz oder vielleicht sogar wegen akuter Hormonschwankungen. Äh? Du führst nicht das Leben, das du dir gewünscht hast? Lügnerin!

Du sollst nicht lügen

Du bist zum Beispiel in den letzten 20 Jahren nie mehr mit einem Mann zusammen gewesen, der nicht verheiratet war? Glückwunsch zu deinem Luxus-Lotterleben. Jetzt erzähle mir bitte nicht, dass du unglücklich bist, weil du so gerne verheiratet sein möchtest. Ich glaube dir kein Wort. Du hast einfach keine Lust, dich mit den Problemen des Alltags auseinander zu setzen. Mit Löchern in den Socken zum Beispiel, mit seinem Prostataleiden, mit ausgefallenen Haaren und Rasierresten im Waschbecken. Das hat dein Lebensplan nämlich nicht vorgesehen. Natürlich heulst du Weihnachten Rotz und Wasser und bist jedes Jahr an Silvester kurz davor, vom Funkturm zu springen. Die ganze Welt ist voller glücklicher Ehefrauen, nur du bekommst immer die Reste. Du siehst ihn förmlich vor dir: Wie er mit Frau und Kindern traut neben dem Weihnachtsbaum sitzt und gerührt die quietschorange Krawatte, das Geschenk von seinem Jüngsten, auspackt. Mutti biegt mit dem Truthahn um die Ecke und ein harmonischer Abend an festlich gedeckter Tafel beginnt.

Du tust mir wirklich Leid. Deine Phantasie ist mit dir durchgegangen. Denn in der Realität sieht das so aus:

Er hat viel zu viel gearbeitet in den letzten Wochen und ist total alle. Die Weihnachtsgeschenke hat er von seiner Sekretärin besorgen und einpacken lassen (Anweisung: »Das Übliche«). Die Kinder sind überhaupt nicht zu Hause, weil bei Sven »eine fette Fete steigt«. Mutti hat längst resigniert und bei Aldi Kartoffelsalat gekauft und ein paar Wiener warm gemacht. Damit sitzen die beiden jetzt missgelaunt neben der Krüppelkiefer, die er Weihnachtsbaum nennt, weil der Besuch der Schwiegereltern am ersten Feiertag droht. Sie heult, weil seine Sekretärin verdammt noch mal inzwischen wissen sollte, dass sie ›Obsession‹ nicht ausstehen kann. Er überlegt krampfhaft, mit welcher Ausrede er sich verabschieden kann, um dir kurz übers Handy ein paar heiße Worte zuzuflüstern. Traum und Wirklichkeit.

Wenn du ernsthaft willens und bereit bist, dein unabhängiges Leben aufzugeben, so wird dir das auch gelingen. Aber erwarte bitte nichts Unrealistisches.

Man muss für alles bezahlen

Du hast keine Lust mehr, jeden Tag acht Stunden für dieses unsägliche Ekel von Chef zu arbeiten. Seit Jahren träumst du davon, dich selbstständig zu machen. Mehr Geld mit weniger Arbeit zu verdienen. Ich wünsche dir von Herzen, dass du es einmal probierst. Das wirst du wahrscheinlich nicht tun, denn du bist seit 25 Jahren bei diesem Ekel und willst weder deine Betriebsrente noch deine 35-Stunden-Woche aufs Spiel setzen. Aber deiner selbstständigen Freundin kaust du seit nunmehr 20 Jahren ein Ohr ab mit deinen Kleinmädchenträumen. Und dann wunderst du dich, dass sie immer öfter so leicht durchschaubare Ausreden wie »Sorry, ich muss noch arbeiten« hat, wenn du mit ihr in die Sechs-Uhr-Vorstellung des neuen Spielbergfilms gehen willst.

Vergiss' doch einfach diesen ganzen Pipikram. Realistisch betrachtet lebst du genau das Leben, das dir entspricht. Denn wenn du etwas anderes gewollt hättest, hättest du es auch bekommen. There is no free lunch, pflegt eine Freundin von mir zu sagen. Man bezahlt immer für das, was man am meisten will. Diese Freundin hat auch das bekommen, was sie am meisten wollte. Sie wollte sich nämlich nicht bewegen. Sie wollte nicht laufen, nirgendwo hinfahren, nicht arbeiten, einfach nur gefüttert werden. Seit zwanzig Jahren arbeitet sie nicht mehr, sondern liegt mit einer sehr schmerzhaften rheumatischen Erkrankung im Bett oder sitzt nach ihren rund dreißig Operationen im Rollstuhl. There is no free lunch.

Doris Day hat Rock Hudson auch nicht bekommen

Du wolltest also etwas ganz anderes? Zum Beispiel einen Mann, der aussieht wie Rock Hudson. In einem großen Haus mit Terrasse leben, von der aus du ihm zärtlich zuwinkst, während dein Angetrauter sich in seinen Porsche setzt, um seinem Halbtagsjob als Vorstandsvorsitzender von IBM nachzukommen. In der Zwischenzeit wolltest du ein bisschen mit deinen Kindern am Pool spielen.

Da du nicht Doris Day bist, hast du bisher auch keinen Mann bekommen, der aussieht wie Rock Hudson. Was nachgerade gut so ist, denn wie wir posthum erfahren haben, war Rock Hudson sowieso nicht für Doris und schon gar nicht für dich verfügbar. Aber warum suchst du immer noch nach einem Mann, der so aussieht, wenn du schon mit 24 nicht ausgesehen hast wie Doris Day? Also, ein bisschen realistisch solltest du schon sein, in deinem Alter! Wenn du dir ein Leben als kariertes Maiglöckchen gewünscht hast, dann ist es kein Wunder, wenn du heute gefrustet bist.

Karierte Maiglöckchen

Wenn du Pech hast, ist dein Süßer tatsächlich Vorstandsvorsitzender. Du hast ihn in den letzten zwanzig Jahren ausschließlich bei gesellschaftlichen Veranstaltungen oder schnarchend im Bett gesehen, was aber auch nicht so schlimm war, denn Vorstandsvorsitzende, die wie Rock Hudson aussehen, sind eher in der Minderheit. Noch bevor der Angetraute morgens ganz wach ist, hältst du ihm einen Vortrag darüber, wie wenig Zeit er für dich hat. Und Porsche fährt er auch nicht, sondern wird jeden Morgen von Herrn Mausgrau mit einer S-Klasse abgeholt. Womit deinem Vortrag täglich ein jähes Ende beschieden ist.

Wenn du also bescheuert bist, suchst du immer noch den Vorstandsvorsitzenden. Da du aber inzwischen bereits graue Haare, eine eigene Meinung und ein eigenes Einkommen hast, sind deine Aussichten auf einen solchen Mann relativ gering. Deine Kinder sind bereits erwachsen und du träumst immer noch von dem Pool, der in deinem Garten einfach keinen Platz hat? Mädelchen, Mädelchen. So macht man sich wirklich unglücklich.

Schluss also mit den Träumen, die einfach nicht in Erfüllung gehen können. Entweder weil du so gar nicht leben willst oder weil sie karierte Maiglöckchen sind. Nutze die Nacht und denke nach, was du in Zukunft machen möchtest. Bisher hast du gelernt, dass du alles schaffst, was du dir vornimmst. Also nimm dir was vor. Hör aber bitte auf, dir selber Grenzen zu setzen. Im Zweifelsfalle mache das Fenster auf und lass frischen Wind herein. Gedanken wie »Bisher habe ich es nur zur Sekretärin gebracht, das Höchste, was ich erreichen kann, ist Chefsekretärin« sind Quatsch mit Sauce. Es gibt unzählige Frauen, die es von der Sekretärin zur erfolgreichen Unternehmerin geschafft haben.

Also gib deinem Affen im Kopf ein bisschen Zucker, im Zweifelsfall noch ein Stück Schokolade. Rotwein hilft übrigens auch, aber bitte nur in Dosen, die die Gedanken beflügeln und dich nicht betäuben. Träum' dich in die Welt der Großen, Mächtigen, Glücklichen und Reichen. Du hast ja bereits diese wunderbare Liste angefertigt, von allem, worauf du stolz bist. Darauf siehst du auch, sozusagen als Abfallprodukt, was du kannst.

Es gibt garantiert unendlich viele Möglichkeiten, wie du deinem Leben einen entscheidenden Schub geben kannst. Male dir dein neues Leben mit all seinen Facetten aus. Genauso wie damals, als du siebzehn warst und von der großen weiten Welt träumtest.

Wenn du Politikerin werden willst, dann male dir nicht nur aus, wie du für die Rechte der Armen und Schwachen kämpfen willst. Sondern male dir aus, wie du am Wahlabend tausende Glückwünsche bekommst, wie viele

Interviews du geben wirst, welchen Dienstwagen du fahren wirst, wie oft du mit dem Hubschrauber der Bundeswehr deine Tochter in der Schweiz besuchen kannst. Kurz, die gesamten positiven Auswirkungen. Denn nur, wenn du wirklich scharf darauf bist, mit dem Hubschrauber fliegen zu dürfen, wirst du deine Vision auch in die Tat umsetzen.

Aber wenn du dein Seelenheil als Politikerin finden willst, dann tritt bitte erst mal in eine Partei ein.

Die eigene Mitte finden

Unangenehm in dieser Zeit des Wechsels sind die Phasen, in denen man sich selbst sucht. In deinen schlaflosen Nächten haderst du immer mehr mit dir und damit, wie du dich jetzt wahrnimmst. Da ist zum Beispiel Sigrid. Sie schrieb mir, und das war nur eine von vielen, vielen Mails gleichen Inhalts, die ich zu diesem Thema bekommen habe:

»Ich habe immer gedacht, ich muss mich endlich zusammenreißen mit meinem Auf und Ab der Gefühle, ich bin wehleidig und ich müsste mir selber in den Hintern treten, wenn ich mich wieder mal selbst bedaure, dass mir einfach die Kraft fehlt, mich aufzuraffen, die immer wieder aufkommende Angst zu besiegen. Meine Gedanken kreisen ständig um die Angst, ob die Figur, die, wenn man nur will, auch noch mit 50 schlank ist, über die Selbstzweifel, ach das habe ich ja schon wieder vergessen, ach ja das Alter, dann ach es hat ja alles keinen Sinn, denn wie kann ich im Älterwerden das schaffen, was ich bis jetzt nicht geschafft habe. Irgendwie wird alles sinnloser, man stirbt ja sowieso.«

Kommt dir das bekannt vor? Ich habe jetzt wirklich eine große Bitte an dich: Werde nicht ungeduldig. Denn du bist gerade dabei, dich neu zu orten, das geht einfach nicht von heute auf morgen. Mache dir bewusst, dass es Millionen von Frauen gibt, die zurzeit genau das Gleiche denken wie du. Diese Gedanken deiner schlaflosen Nächte sind nicht umsonst, sie führen dich nach vorn. Deine Ängste machen dich ganz wach, wach genug, um zu erkennen, wo du deine neue Mitte finden kannst. Gestatte dir ruhig, ein bisschen durchzuhängen, erlaube dir deine schwarzen Gedanken. Wenn du einen Marathonlauf machst, dann geißelst du dich doch auch nicht, wenn dein Puls rast. Deine Niedergeschlagenheit in dieser Phase ist genauso normal, wie eine erhöhte Pulsfrequenz beim Joggen. Du bist alt genug, um dir nicht nur deine Schwächen zu verzeihen, sondern auch um zu erkennen, wann du besonderen Belastungen ausgesetzt bist.

Auf der Suche nach der Wunderpille

Du bist es gewohnt, wenn dich irgendwo ein Zipperlein drückt, zum Arzt zu gehen. Der macht verschiedene Tests, stellt eine eindeutige Diagnose und entlässt dich mit einem Pillenrezept. Dass du in den Wechseljahren bist, hast du selbst festgestellt. Also hin zu Onkel oder Tante Doktor, Pillchen verschreiben lassen und alles ist gut. Ist es nicht, und das macht dich wütend. Natürlich auf Onkel oder Tante Doktor. Die Hormontabletten, Pflästerchen oder Gels machen dich dick, du fühlst dich wie ein Luftballon von McDonald's und besser geht es dir auch nicht. Also wieder zu Onkel oder Tante Doc. Neues Spiel, neues Glück. Irgendwann sagt dir Onkel oder Tante Doc, dass du es vielleicht mal mit einem Therapeuten versuchen solltest. Jetzt flippst du aus und das zu Recht. Zugegeben, deine Schweißausbrüche halten sich jetzt in Grenzen, du kannst wieder durchschlafen, aber verdammt noch mal, diese Lustlosigkeiten, diese Leere, diese Lebensmüdigkeit, die sind immer noch da. Sei nicht ungerecht! Alle Gynäkologen dieser Welt sind ausschließlich für die weiblichen Geschlechtsorgane zuständig. Für die depressiven Verstimmungen, die dich nun seit einiger Zeit beuteln, fühlen sie sich einfach nicht zuständig. So ging es einer Frau, die mir anonym folgende Mail schrieb:

»Bei mir wurde noch kein Hormontest gemacht, für die Hitzewallungen nehme ich aber seit ca. zwei Jahren Hormone, die Schweißausbrüche sind auch besser geworden, was heißt besser, ich habe keine mehr. Die Angst und die Minderwertigkeitsgefühle sind aber dafür, wie die Hitzewallungen, meistens da und nur sehr, sehr selten weg. Dadurch zweifle ich oft an mir. Meine Frauenärztin wollte von einem Hormontest nichts wissen, denn der würde ja sowieso immer schwanken; da ich aber die Anzeichen für die Wechseljahre hatte, verschrieb sie mir eben die Hormone. Außerdem soll ich eine Therapie für mein Selbstbewusstsein machen. Daraufhin ging ich zu einer Neurologin, die hörte sich meinen Kummer an und meinte, mir fehle ein bestimmter Stoff und verschrieb mir Fluoxetin. Welch eine Freude, es ging mir besser, doch nach einem Dreivierteljahr bin ich genauso dran wie vorher, nur noch schlimmer. Ich habe in den letzten drei Monaten ca. fünfzehn Pfund zugenommen und weiß eigentlich gar nicht mehr, was ich machen soll. Meiner Frauenärztin traue ich mich nichts mehr zu erzählen, denn ihre Anschriften von Psychiatern habe ich weggeschmissen. Beide sagten mir, ich solle mehr an mich denken und langsam treten, aber ich weiß nicht, wie ich das umsetzen soll.«

Bis vor einigen Jahren haben viele Ärzte sogar das Vorhandensein des Klimakteriums geleugnet und es für einen hysterischen Auswuchs gehalten. Nun sind sie wenigstens so weit, dass sie dir mit ein paar Pillchen oder Pflästerchen bei den schweren körperlichen Begleiterscheinungen helfen können. »Aber ich bin trotzdem deprimiert!« höre ich dich jetzt rufen. Klar bist du deprimiert. Warum solltest du es auch nicht sein?

Stress pur

Es ist noch gar nicht so lange her, da bist du von der Arbeit nach Hause gerast, hast die schweren Einkaufstüten die Treppe hochgeastet, dir noch beim Schuhe ausziehen die Schürze umgeschmissen, denn deine hungrige Familie wollte bald etwas zu essen haben. Deine Kinder kamen natürlich weder pünktlich noch gut gelaunt zum Essen oder brachten unangemeldet Freunde mit. Beim Abendessen wurden dann die großen und kleinen Kümmernisse besprochen, Probleme gelöst, gestritten und gelacht. Und jetzt? Wenn du nach Hause kommst, empfängt dich gähnende Leere. Dein Mann freut sich, dass es endlich mal etwas ruhiger ist, aber du hast das Gefühl, dass du nicht mehr gebraucht wirst. Das ist eine große Änderung und – die erzeugt Stress.

Im Job warst du immer topfit. In letzter Zeit stellst du fest, dass deine Kunden und Vorgesetzten ständig jünger zu werden scheinen, manche sind gerade mal in dem Alter deiner Kinder. Denen natürlich die gesammelte Lebenserfahrung unseres halben Jahrhunderts einfach fehlt. Sie machen die gleichen Fehler, die du in ihrem Alter auch gemacht hast. Am liebsten würdest du dich hinsetzen und denen erzählen, wo der Hase wirklich lang hoppelt. Das wäre aber weder jobförderlich, noch würde es überhaupt etwas bringen, da jeder Mensch seine Erfahrungen selbst machen muss. Natürlich fragst du dich, warum zum Teufel, nachdem du all diese wichtigen und richtigen Erfahrungen gemacht hast, sie keiner haben will.

Die meisten Frauen unserer Generation arbeiten, zumindest halbtags. Wer in unserem Alter arbeitslos ist und versucht, wieder in den Job einzusteigen, der braucht schon die Kräfte eines Herkules und die Nerven eines James Bond, um bei der jetzigen wirtschaftlichen Situation damit erfolgreich zu sein.

Wie nennst du das? Ich nenne das Stress pur! Fast gleichzeitig mit dem Verlust der Kinder wirst du noch dazu wieder zur Mutter, sozusagen zu deiner eigenen Großmutter. Vater und Mutter sind an die Stolpergrenze im Leben geraten und benötigen jetzt deine Hilfe, die sich langsam zur Rundumbetreuung auswächst. Sie quengeln wie Vierjährige, sind allerdings nicht mit einem Bounty oder ein paar M&M zufrieden zu stellen. Sie sind unvernünftig wie Krabbelkinder, jedoch mit einer so ausgeprägten Sturheit, wie sie nur in jahrzehntelanger Übung erworben werden kann. Schlimm wird's, wenn sie dann in die anale Phase kommen und dich über ihre Ausscheidungen tyrannisieren.

Meine Mutter pflegte sich grundsätzlich an genau den drei Tagen im Jahr auf die Intensivstation zu begeben, in denen ich zwanzig Stunden nicht abkömmlich war. Und das zehn Jahre lang. Mein Vater pflegte grundsätzlich dann einen Darmdurchbruch zu bekommen, wenn ich auf dem Weg in den Urlaub war. In meiner Firma gibt es eine Wettliste, wann einer meiner Eltern mal wieder plötzlich und unerwartet ins Krankenhaus eingeliefert wird. Also habe ich es mit einem Trick versucht: Nicht mehr erzählen, dass ich am soundsovielten durcharbeiten muss oder in den Urlaub fliegen will. Das hat allerdings nichts geholfen, sie wurden trotzdem ins Krankenhaus eingewiesen und ich habe eben einen Tag später davon erfahren bzw. den Rückflug antreten müssen. Dass ich damit nicht etwa zu den Ausnahmefällen gehöre, wird mir immer klar, wenn ich mit Freundinnen rede. Auch deren Eltern scheinen seit zehn Jahren zu sterben. Und wenn sie es dann tatsächlich tun, ist man erst einmal erstaunt. Was aber am schwersten wiegt, ist, dass du dich permanent mit dem Todes auseinandersetzen musst. Plötzlich ist er real geworden, anfassbar, vorstellbar und unausweichlich. Die Nähe des Todes, und nicht nur des Todes der Eltern, sondern auch des frühen Todes von Freunden, denn seien wir ehrlich, die Einschläge kommen immer näher, fördert nicht unbedingt die Lebensfreude.

Wechseljahressymptome? Nee, Mega-Stress.

Dein Süßer hat ein Auge auf die neue Sekretärin oder die Imbissverkäuferin geworfen? Na, wenn es schon Uschi Glas passiert, warum solltest du davon verschont bleiben? Dabei hast du gar nicht mit böser Absicht in seinen Taschen gewühlt, als du neulich diese blöden Kinokarten gefunden hast; du wolltest nur mal wieder alle seine Taschentücher waschen, die er immer vergisst in den Wäschepuff zu legen. Die Kinokarten haben dich ja noch nicht so richtig beunruhigt, aber der Ehering, der an einer Baumwollschnur im Knopfloch seines dunklen Anzuges festgemacht war, als du ihn aus der Reinigung geholt hast, hat dir doch ernstlich zu denken gegeben.

Und auch das ist bestimmt kein Problem, bei dem dir der Gynäkologe helfen kann. Also sei lieb und vertraue Onkel oder Tante Doc wieder, ja?

Wir haben also festgestellt, dass du in den vergangenen und sicher auch noch in den vor dir liegenden Jahren voll im Stress bist. Und zwar leidest du unter Belastungen, die sozusagen unumkehrbar sind. Denn deine Kinder werden nicht mehr klein und deine Eltern nicht mehr gesund und dein Mann wird im Gegensatz zu Kollegen und Vorgesetzten auch nicht jünger. Und du? Du fühlst dich erschöpft, ausgelaugt, reif für die Insel, bist wütend, deprimiert und lustlos. Das typische Burnout-Syndrom.

Das einzige, was gegen Burnout wirklich hilft, sind neue Ideale, neue Werte, neue Ziele. Aber leichter gesagt als getan. Denn dein ganzes Leben lang hast du nach vorn geschaut. Mit zwanzig hast du dir gesagt, das wird alles besser, wenn ich erst meine Ausbildung abgeschlossen oder bei meinen Eltern ausgezogen bin. Mit dreißig hast du dir gesagt, es wird alles ganz anders, wenn die Kids erst aus dem Gröbsten raus oder du Karriere gemacht hast. Sogar mit vierzig hast du noch gedacht, es wird alles besser, wenn du erst mal wieder Urlaub gemacht hast oder die Steuererklärung oder sonst was. Und jetzt glaubst du einfach nicht mehr daran, dass alles besser wird. Im Gegenteil, du bezweifelst, dass es jemals anders wird und wenn es dann doch einmal anders werden sollte, dann bist du alles andere als sicher, dass das »anders« dir dann auch zusagt.

Kein Wunder, wenn deine früheren Vorbilder nur

noch unzusammenhängende Worte krächzen oder sich in die Hosen scheißen. Du fühlst dich wie im Wartesaal zum Himmel. Und das liegt einzig und allein daran, dass du dich nicht mehr traust, nach vorn zu leben, sondern dich im Gestern vergräbst.

Donna Quichote und die Windmühlenflügel

Du kämpfst gegen all diese ekligen Gefühle an. Denn du bist gewohnt, dich unter Kontrolle zu haben. Du sagst dir jede Nacht, wie gut du bist, dass du alles geschafft hast, was du schaffen wolltest. Und bist stinksauer, wenn es nicht klappt, wenn du dich nicht in den Griff kriegst. Hör auf zu kämpfen wie Donna Quichote gegen die Windmühlenflügel. Gestatte dir auch mal durchzuhängen, gestatte dir, schlechte Laune zu haben, gestatte dir, depri-miert zu sein. Du hast verdammt noch mal genauso wie alle anderen Menschen auf der Welt das Recht, auf schwere Belastungen einfach erschöpft zu reagieren.

Neue Werte

Was war dir gestern wichtig? Ganz einfach, du wolltest einen netten Mann, ein paar nette Kinder oder beziehungsweise und eine nette Karriere. Und du hast alles gekriegt. Deine Freundinnen hast du dir in den jeweiligen Lebensphasen angelacht und deine persönlichen Interessen mussten weit hinter Mann, Familie und Beruf zurücktreten. Und jetzt? Was ist dir denn jetzt wichtig? Wie wäre es mal zur Abwechslung mit dir selbst?

Wenn es früher für dich wichtig war, im Job angesehen zu sein, so dürfte das für dich heute keine so große Rolle mehr spielen. Wenn es früher für dich wichtig war, die beste aller Mütter zu sein, so musst du dich heute mit den Konsequenzen auseinandersetzen. Wenn es früher für dich wichtig war, gut auszusehen, so weißt du heute, dass gepflegt schon gut ist. Deine neue persönliche Werteskala wirst du ganz allein zusammenfrickeln müssen, denn nur du weißt, was du mit dem Rest deines Lebens anfangen willst. Und der Rest deines Lebens ist ungefähr noch die Hälfte deines Erwachsenenlebens. Also genau so lange, wie man dich guten Gewissens bisher als Erwachsene bezeichnen konnte. Nutze die Nacht und entwirf dir dein neues Leben.

8. Du wirst noch gebraucht

Angst vor dem Fortschritt

Erinnere dich mal an früher: Deine Mutter hatte immer so einen komischen Geruch an sich. Genau: Lauge. Damit musste die Arme die Wäsche in riesigen Kübeln kochen. Dann wurden die heißen Tücher und Laken mit einem hölzernen Heber ins Spülbecken mit eiskaltem Wasser transferiert. Am Ende eines Waschtages hatte deine Mutter Rückenschmerzen und schlechte Laune. Am nächsten Tag hattest du schlechte Laune, weil du Muttern beim Zusammenlegen der Wäsche, mit Ziehen und Zuppeln der Enden, helfen musstest, damit das Zeug in die Mangel konnte. Trotzdem standen Millionen Frauen der Erfindung der Waschmaschine mehr als skeptisch gegenüber. Sie hatten Angst, nicht mehr gebraucht zu werden.

Wie viel Schwierigkeiten hatte die Firma Maggi bei der Einführung der Dosensuppen. Da half nur das Maggi Kochstudio weiter, das den Hausfrauen sagte, dass man außer einem Dosenöffner auch noch einen Schuss Sahne oder einen Löffel Butter (sprich Liebe) braucht, damit ihre Suppe schmeckt. Erst dadurch wurde die Ochsenschwanzsuppe zu einem absoluten Renner.

Und so gibt es heute noch Frauen, die keine Mikrowelle haben (so was brauche ich nicht, ich kann ja kochen), die Geschirrspüler für absolut überflüssig halten (das bisschen Geschirr) und lieber ihren Garten mit den Unterhosen ihrer Männer verschandeln (das riecht so schön) als sich einen Trockner zuzulegen. Die Angst, nicht mehr gebraucht zu werden, sitzt ziemlich tief.

Als Mutter dann eine Waschmaschine bekam, hatte sie endlich Zeit für die wirklich wichtigen Dinge im Leben. Sie strickte Dralonpullover, die mich von der ersten bis zur sechsten Klasse begleitetet haben und nähte Kleider mit Rosen- und Chrysanthemenmuster. Kurzum: Mutti hatte dank Constructa und Maggi mehr Zeit für ihre Kinder. Als unsere erste Waschmaschine nach fünfzehn Jahren auf den Sperrmüll kam, stand Mutti am Fenster und weinte ihr heiße Tränen nach.

Ähnlich ergeht es heute so manchen Sekretärinnen, die vor Angst schlottern, weil der sprachgesteuerte Computer in ihrem Büro nicht mehr fern ist. Wenn dir das auch so geht, dann überlege mal, wozu dein Chef dich braucht. Zuallererst zum Kaffee kochen, zum Betutteln, zum Eindruck schinden und zum Besucher abwehren. Wie schön, wenn du bald nicht mehr zu tippen brauchst. Oder bist du etwa traurig gewesen oder gar überflüssig geworden, als diese tollen kleinen Diktiergeräte erfunden wurden und dein Steno in Vergessenheit geriet?

Call a pizza

Du kannst darauf vertrauen, dass jeder Fortschritt auch neue Arbeit mit sich bringt. Sicher sind eine Menge Leute arbeitslos geworden, die zum Beispiel in den Poststellen von Unternehmen beschäftigt waren. Also diejenigen, die zentral frankiert, sortiert und Post ausgeliefert haben.

Erst kamen die Faxe, dann die Kuriere und zuletzt die E-Mails.

Dafür haben aber sehr viel mehr Menschen einen Job als Kurier gefunden, sind in Service-Unternehmen für Faxgeräte untergekommen und wie viele Jobs durch Computerservice-Unternehmen sowie Provider geschaffen wurden, ist kaum zu schätzen.

Natürlich wird der ehemalige Bürobote kaum ein Faxgerät reparieren können, obwohl man bei manchen Reparaturdiensten denkt, es hätte der Bote repariert.

Aber ob der gelernte Bote nun Briefe durch die Etagen trägt oder mit einer schicken Vespa Thunfisch-Pizzas ausfährt, dürfte dem gelernten Boten ziemlich egal sein.

Solltest du nun glauben, dass die Lieferung einer Pizza dich bei deiner Familie überflüssig macht, dann denke zum einen an Muttis Dralonpullover und zum anderen doch mal an den armen Boten, dem erneute Arbeitslosigkeit droht.

Lore und Melissengeist

Wenn du Texterin in einer Werbeagentur bist und Angst hast, dass man dir bald nicht mehr zutraut, so trendy Slogans wie »Otto find' ich gut« zu kreieren, dann lass dich trösten. Die Groschenromanbranche braucht Nachwuchs.

Wenn du Moderatorin einer Frauensendung bist, dann freue dich auf zukünftigte Seniorentalkshows. Die Einschaltquoten werden schon wegen der großen Zahl der potentiellen Zuschauer steigen.

Wenn du Model bist, dann warten herrliche Werbespots für Kukident oder Klosterfrau Melissengeist auf dich. Da die Branche einen erheblichen Mangel an Models im höheren Alter zu verzeichnen hat, kannst du dich auf höhere Gagen freuen.

Überlege mal, was der Kern dessen ist, was du zu bieten hast. Bei einem Model kommt es nicht auf Schönheit an, sondern auf die Wirkung vor der Kamera, bei der Moderatorin nicht auf die Sendung, sondern auf die zielgruppengerechte Präsentation. Bei der Texterin nicht auf die Art des Textes. Bei der Sekretärin kommt es nicht auf das Tippen an und bei der Mutter nicht auf das Waschen.

Lass mal die berühmten, erfolgreichen Männer vor deinem inneren Auge Revue passieren. Genau, kaum einer unter fünfzig. Erst mit fünfzig setzen sie zum ganz großen Sprung an: in den Vorstand, in die Verlagsleitung, in ein Präsidentenamt. Sie sind damit gerade im richtigen Alter, weil sie Erfahrung mitbringen und über ein jahrzehntelang gepflegtes Netzwerk verfügen. Warum eigentlich sollte das bei dir nicht auch so sein?

Surfkurs

Du sitzt verzweifelt vor dem Computer und versuchst, eine E-Mail zu versenden. Beim besten Willen kannst du dich nicht mehr erinnern, wie man einen Link verknüpft. Wenn du ausnahmsweise mal ins Internet willst, stürzt jedesmal dein Rechner ab. Du tröstest dich damit, dass dir Papier sowieso lieber ist und schickst ein Fax. Und den ganzen Werbequatsch im Internet, den brauchst du natürlich nicht.

Baby, wenn es dir so ergeht, dann siehst du ganz schön alt aus, obwohl ich zugeben muss, dass das einigen jüngeren Freunden auch so geht. Aber verdammt noch mal, melde dich heute noch zu einem Internet-Kurs an. Du musst diese Dinge verstehen, sonst ist der Zug für dich abgefahren. Und mit verstehen meine ich nicht nur eine E-Mail schicken zu können oder bei Quelle gucken, was es Neues gibt. Mit verstehen meine ich auch, die neuesten Entwicklungen kennen.

Ich gestehe, dass ich bis vor ein paar Jahren den Computer auch ausschließlich als Schreibmaschine genutzt habe. Eigentlich stürzte das Ding schon ab, wenn ich mich nur daneben gesetzt habe. Zehn Jahre lang habe ich meiner alten IBM-Kugelkopf nachgeweint, und dann etwas gefunden, was mich fasziniert hat.

Beim Recherchieren im Internet bin ich auf eine Website gestoßen, auf der richtig was los war. Da die Leser der Website sich ständig Nachrichten sendeten, wurde flugs eine Mailingliste eingesetzt. Seitdem bekomme ich im Schnitt 50 Mails pro Tag. Ich maile mit Menschen in Österreich und der Schweiz, in den USA und Kanada, in Spanien und Australien. Neben meinem alten Bekanntenkreis habe ich mir so einen virtuellen Freundeskreis aufbauen können, der die ganze Welt umspannt. Wenn es bei uns zu Weihnachten schneit, dann kommt die Nachricht: »Wir sitzen bei siebenunddreißig Grad am Strand, grillen Hummer und beneiden euch.« Wenn ich eine Frage habe, zum Beispiel, was ich mit meiner nierenkranken Katze machen soll, dann kriege ich Tipps aus Buxtehude oder aus Wien von meinen Katzenfreunden.

Manchmal feiern wir im Chatroom Global Partys, wir haben uns auch eine virtuelle Kneipe eingerichtet, in der ein rotes Sofa steht, auf das sich jeder fallen lässt, wenn er Probleme hat. Und alle hören zu und eilen zum Trostspenden herbei. Ab und zu treffen wir uns auch mal ganz real und das ist dann immer so, als ob wir uns schon seit Jahren kennen. Mir schrieb neulich eine Mailfreundin: »Ich habe das Gefühl, dass ich dich besser kenne als meinen Kollegen, der mir im Büro seit Jahren gegenüber sitzt.«

Jeder berichtet aus seinem Leben, wir streiten, blödeln, politisieren, reden über unser Hobby, das uns alle zusammengeführt hat. Und das alles habe ich einer Frau zu verdanken, die eine Website gestaltet hat, auf der sich Gleichgesinnte treffen können. Und mir selbst, weil ich irgendwann einmal meinen inneren Schweinehund überwunden, mich knurrend vor den Computer gesetzt und ihm gesagt habe: »Okay, Babe, jetzt werden wir mal sehen, wer wem dient. Du mir, nicht ich dir. Ab sofort machst du, was ich will und ich werde nicht eher weichen, bis ich kriege, was ich will.«

Dafür habe ich mir ein tausendseitiges Handbuch für Blöde reingezogen und plötzlich ging es. Unnötig zu sagen, dass ich heute Serienbriefe mit links zusammenbekomme, eigene Websites baue, Powerpoint-Präsentationen aus dem Ärmel schüttle, mir Programme runterladen und Viren austricksen kann.

Jede neue Welt hält Möglichkeiten für uns bereit, von denen wir vor Jahren nicht mal zu träumen gewagt hätten. Allein die Vorstellung, dass ich heute mit meinem Psion oder meinem Handy irgendwo auf der Welt auf einer Parkbank sitzen und Nachrichten empfangen und senden kann, allein diese Vorstellung macht mich glücklich. Denn sie gibt mir ein Stück Freiheit. Auch wenn ich nie auf einer Parkbank sitze und sende, die räumliche Unabhängigkeit von einem Büro ist etwas, wovon ich früher geträumt habe.

Ach so, du benutzt kein Handy. Klar hast du eins, aber du weißt nicht, wie man diese Mailbox einrichtet und auch das Belegen der Tasten ist dir zu kompliziert, weil du dann die Gebrauchsanweisung lesen müsstest. Über Jugendliche, die sich mit SMS bepfeffern, kannst du nur verständnislos den Kopf schütteln. Ich gestehe, das ging mir bis vor zwei Jahren nicht anders, obwohl ich als eine der ersten Handys hatte und mein erster, prähistorischer Knochen über elftausend Mark gekostet hat. Das Handy habe ich nur eingesteckt, wenn ich irgendwo draußen gearbeitet habe, ansonsten lag es nutzlos rum. Erst als diese Infrarot-Dinger erfunden wurden, erwachte mein Interesse, wegen der Parkbank. Also habe ich mich durch die Bedienungsanleitung gefressen. Seitdem weiß ich eigentlich nicht mehr, wie ich ohne dieses Ding auskommen konnte. Wie schön, einer Freundin, von der man weiß, dass man sie mit einem Anruf stören könnte, eine SMS zuschicken zu können, um ihr z.B. Glück zu wünschen.

Das ist dir zu kompliziert? Na hör mal, so alt bist du doch noch gar nicht. Als mein einundachtzigjähriger Vater ziemlich hilflos aus dem Krankenhaus entlassen wurde, wollte ich ihm am liebsten ein Alarmhalsband verpassen. Er hat sich mit Händen und Füßen gewehrt. Also habe ich ihm ein Handy geschenkt und es für ihn so programmiert, dass er auf eins die Mailbox hat, auf zwei meine Nummer und auf drei den Notruf. In den ersten zwei Wochen kriegte ich immer nur zu hören, dass das »Scheißding« nicht funktioniere. Natürlich vergaß er immer wieder, das »Scheißding« aufzuladen und kapierte erstmal nicht, dass man dann eine PIN-Nummer eingeben muss. Also habe ich ihm das Aufladegerät neben das Bett geknallt und die PIN-Nummer drumherum geklebt. Seitdem geht es meinem Vater nicht nur besser, sondern ohne Handy bei ihm gar nichts mehr. Ich habe nie wieder einen Anruf über Festnetz bekommen und er freut sich wie ein Kind, wenn er eine SMS bekommt. Einundachtzig. Und du?

Also dranbleiben. Das bedeutet aber auch, dass du mindestens alle zwei Monate eine Zeitschrift lesen solltest, in der über die neuesten technischen Entwicklungen berichtet wird. Denn wenn du nicht dranbleibst, dann liegt deine Zukunft wirklich hinter dir.

Wie, das langweilt dich? Oh, es kommt noch schlimmer.

Der Hauptdarsteller von Miami Vice

Nun gestehe mal, liest du jeden Tag eine Tageszeitung? Natürlich, höre ich dich im Brustton der Überzeugung sagen. Aha. Du liest also jeden Tag den Politikteil, die Kommentare, den Lokalteil, den Wirtschaftsteil, den Sportteil, das Feuilleton, Wissenschaft und Vermischtes? Ach so, Sport interessiert dich überhaupt nicht. Peinlich, wenn du Schumacher dann auf Mercedes setzt, gell? Und dieser öde Wirtschaftsteil, gähn? Na ja, wenn du Dow Jones für einen Schauspieler aus Miami Vice hältst und Nikkei für eine japanische Kamera, auch gut. Aber bitte erwarte nicht, dass dich irgendjemand ernst nimmt.

Es ist immer wieder faszinierend, lang gediente Ehepartner zum Beispiel im Urlaub am Strand zu belauschen. Er liegt selbstgenügsam auf der Liege und liest den *Spiegel*. Sie sitzt daneben, bewaffnet mit Sonnenöl und Bild-Zeitung und fuchtelt nervös in der Badetasche herum. Er: »Jetzt haben sie einen Gesetzentwurf für ein Handyverbot beim Autofahren eingebracht.« Sie (aus der Badetasche): »Handys sind sowieso schädlich.«

Wenn du auch dazu neigst, Urteile zu fällen, ohne dich im Mindesten um die Fakten zu kümmern, dann wird es Zeit, dass du umdenkst. Wie, du kennst doch die Fakten? Deshalb gibt es ja bei euch zu Hause seit Jahren kein Rindfleisch mehr und um dieses »genmanipulierte Zeugs«, wie zum Beispiel Tomaten, machst du ebenfalls einen großen Bogen. Ehrlich, du solltest dich klonen lassen.

Wenn du also mit deiner Tageszeitung nach dem Frühstück durch bist, dann hast du noch einiges vor dir. Denn ein Magazin pro Woche solltest du dir schon antun, ob nun *Stern*, *Spiegel* oder *Focus* ist sicher Geschmackssache. Aber auch hier gilt das Gleiche, wie bei der Tageszeitung: Bitte lies nicht nur das Neueste von Prinz Charles unter »Vermischtes«.

Wenn du die Welt wirklich verstehen willst, musst du sogar noch einen Schritt weiter gehen: Kaufe dir einmal im Monat Zeitschriften, die du nicht mal geschenkt haben möchtest. Zum Beispiel *Bravo*, *Playboy*, *Fit for Fun*, *Max* etc. Sprich: Zeitschriften, für die du so gar nicht zur Zielgruppe gehörst. Und dann arbeite dich, wohlig entspannt auf der Terrasse liegend, durch diese Quellen neuer Ideen, Visionen, Trends und Weltbilder. Spätestens nach der dritten Zeitschrift wirst du etwas ganz Erstaunliches feststellen: Wie aus der Pistole geschossen kannst du sagen, was im Augenblick angesagt ist.

Nicht, dass du danach heute noch leben müsstest, aber zu wissen, wohin der Zug fährt, hilft, deinen Kopf auf der Höhe der Zeit zu behalten.

Natürlich kannst du das Ganze auch einfacher haben. Du brauchst nur jeden Tag (ohne zu zappen!) rund acht Stunden fernzusehen. Inklusive Nachrichten, Politmagazine, Kulturberichterstattung, Fußballübertragung, Kinderfernsehen, Talk- und Gameshows (beides bildet ungemein) und Werbung.

Was gerade so läuft

Apropos Werbung. Ging es dir neulich im Kino vielleicht auch so, dass du von fünf Werbespots nur zwei verstanden hast? Okay, du bist nicht mehr Zielgruppe für Jeans und Haargel, aber das ist trotzdem kein gutes Zeichen. Denn Werbespots sind sozusagen die Quintessenz dessen, was gerade so läuft. Wenn du das nicht mehr verstehst, dann solltest du dir wirklich Gedanken machen und siehe oben anwenden. Wenn du allerdings überhaupt nicht mehr ins Kino gehst, dann schicke mir bitte deine Adresse, damit ich kondolieren kann.

Wirklich hilfreich sind junge Freunde. Versuch' doch einfach mal, dich mit Leuten anzufreunden, die fünfzehn bis zwanzig Jahre jünger sind als du. Das ist viel einfacher als du denkst. Denn die Jüngeren sind froh, mal mit Leuten was zu machen, die ihnen eine neue Welt erschließen, ohne dabei elterngleich den Zeigefinger zu heben. Und du profitierst genauso. Vor allem wirst du dabei eines lernen: Alles das, was wir vor zwanzig Jahren als spießig angesehen haben, ist jetzt wieder voll okay. Du wirst sehen, die jungen Leute haben noch einen Riesenhaufen Arbeit vor sich, bevor sie so unverklemmt auf die Welt zugehen können wie du.

Damit wir uns hier nicht falsch verstehen: Du sollst jetzt nicht einen auf jugendlich machen, deine Kids in die Disco begleiten und so elegant mit nach hinten abgeklappten Händen in zu langen Pulloverärmeln herumstehen. Das wäre unglaublich peinlich für die Kids. Aber du solltest schon wissen und nicht nur ahnen, was die Welt bewegt. Denn, meine liebe Freundin, du bist ein Teil dieser Welt. Wenn sie dich nicht mehr interessiert, dann kannst du wirklich gleich aus dem Fenster springen. Dazu brauchst du es nicht aufzumachen!

Mach' dich nicht klein

Du willst wieder zurück in den Job oder suchst einen neuen Job? Wenn du jetzt denkst, dass klappt sowieso nicht, dann ist dir nicht zu helfen. Klar ist die Konkurrenz groß. Aber du bist auch nicht ohne. Also überlege erst einmal, welche Vorteile du gegenüber der Konkurrenz hast. Ich kriege z.B. pro Jahr rund fünf Bewerbungen von Frauen über vierzig, wöchentlich aber mindestens fünf Bewerbungen von Frauen Mitte zwanzig.

Und da lauert die erste Falle: Warum bewerben sich nicht mehr erwachsene, gereifte, routinierte Frauen in meiner Firma? Ich sag's dir: Sie trauen sich nicht. Und die, die sich bewerben, machen sich klein. Da trieft die Larmoyanz zwischen den Zeilen. Sie entschuldigen sich, dass sie schon so alt sind. Weisen allerdings auf ihre trotzdem hohe Belastungsfähigkeit hin. Die Damen führen Computerkurse auf, die sie belegt haben, Weiterbildungen etc. und entkräften diese schönen Argumente mit dem Satz: »Ich habe versucht, mich auch geistig fit zu halten.«

Ich könnte jedes Mal schreien bei diesen Bewerbungen. Denn was ich suche, das könnten mir diese Frauen mit einer anderen Mentalität durchaus bieten. Ich habe nämlich die Nase voll davon, alle zwei Jahre eine neue Sekretärin zu suchen und dabei die Mutterschaft meiner alten zu bezahlen. Ich habe gestrichen die Nase voll davon, zweimal im Monat auf meine Buchhalterin verzichten zu müssen, weil eins ihrer Kinder mal wieder die Röteln, die Masern oder die Grippe hat oder der Kindergarten bestreikt wird. Ich habe noch mehr die Nase davon voll, Montagfrüh die dunklen Schatten unter den Augen meiner Mitarbeiter zu sehen oder ihre Krankmeldung wegen »Migräne« zu erhalten. Und am allermeisten habe ich die Nase davon voll, wenn die Hühner ab halb fünf nur noch an ihr bevorstehendes Rendezvous denken und sich nicht damit abfinden wollen, dass es ein bisschen später wird, weil ein Kunde unbedingt noch heute etwas haben will, was mir ausschließlich die Hühner beschaffen können.

Wovon ich träume, ist ein Hausdrachen. Jawohl. Eine gestandene Frau, die Lust hat, ihren Beruf ernst zu nehmen, sich mit der Firma und den Kunden identifiziert und die nicht durch die Kleinkinderkatastrophen oder den Loverstress geschwächt ist. Eine Mitarbeiterin, auf die ich mich hundertprozentig verlassen kann und die im Zweifelsfall noch in ihren schweißtreibenden Nächten in Gedanken die Einladungs- oder Buchungslisten wälzt. Eine Mitarbeiterin, die es sich und der Welt noch einmal so richtig zeigen will. Statt auf diese Vorteile, die eine Frau in unserem Alter hat, hinzuweisen, entschuldigen sich die Bewerberinnen für ihr Vorhandensein.

Und das ist genau der Grund, warum ich mir keine dieser Bewerberinnen angucke. Ich brauche nämlich keine deprimierten, larmoyanten Mitarbeiterinnen, sondern gestandene, selbstbewusste Frauen. Also, wenn du das nächste Mal eine Bewerbung schreibst, dann frage doch mal, ob sie nicht eine Mitarbeiterin brauchen, die hoch motiviert ist, flexibel in der Arbeitszeit, routiniert und neben einer guten Ausbildung auch noch eine gesunde Portion Humor und Lebenserfahrung mitbringt. Wetten, dass dieser Punkt an dich geht?

Und dann überlege unbedingt, in welchen Branchen, in welchen Firmen man gestandene Frauen braucht. Sich als reife Verkäuferin in einem Jeansshop zu bewerben, ist Kosmetik fürs Arbeitsamt. Sich als Vierundzwanzigjährige um die Leitung eines Seniorenheims zu bewerben desgleichen.

Will damit sagen: Es gibt eine Menge Jobs, die man erst bekommt, wenn man das richtige Alter dafür hat. Wenn du also früher Verkäuferin in einem Jeansshop warst, dann bewirb dich doch als Personalchefin oder Kontrolleurin für eine Jeansshopkette.

Ich habe neulich mit Erstaunen in einem Gespräch mit meinem Mann festgestellt, dass sowohl meine Mutter als auch meine Schwiegermutter mit 52 noch einmal richtig durchgestartet sind. Beide Frauen sind nach jahrzehntelanger Kinderpause in diesem Alter erst wieder in einen – für sie neuen – Beruf eingestiegen und haben bis zu ihrem Rentenalter darin eine erstaunliche Karriere gemacht.

Also überlege dir genau, welche Stellen das in deinem Beruf sein könnten. Wenn du das kombinierst mit einer selbstbewussten, ambitionierten Bewerbung, dürften deine Chancen gar nicht so schlecht stehen. Männer sind jetzt in dem richtigen Alter, ganz an die Spitze aufzurücken. Du auch, wenn du es richtig anfängst. Und wir können von Männern eine Menge lernen, wenn es darum geht, eine neue Strategie zu finden, mit der wir morgen erfolgreich sind.

9. Von Männern lernen

Der Rucksackvater

Solltest du bereits Karriere gemacht haben, so gehörst du für einen Teil der männlichen Bevölkerung in den Bereich »widernatürlich«. Dafür solltest du in deiner grenzenlosen Ichbezogenheit Verständnis aufbringen. Oder findest du die Papis toll, die auf der Spielplatzbank ihren Rucksack öffnen und das Strickzeug rausholen? Genauso wie du diese Hausmänner insgeheim belächelst, wirst du belächelt. Allerdings mit einem Unterschied: Jetzt bist du zu alt, um noch Wohlwollen zu erzeugen. Mit achtundzwanzig hat man dich zwar nicht ernst genommen, aber du warst keine ernsthafte Bedrohung. Schließlich war es nur eine Frage der Zeit, wann du Schreibtisch gegen Wochenbett tauschen würdest.

Aber von dem netten jungen Mann mit dem Strickzeug kannst du eine Menge lernen. Wenn er nicht gerade wäscht, bügelt, kocht oder abwäscht, sitzt er mit Frauen zusammen und tauscht die heißesten Tipps für eine ordentliche Haushaltsführung aus. Mit der Zeit wird er wahrscheinlich die bessere Hausfrau werden, vor allem, weil er es nicht gottgegeben werden musste.

Finde dich also damit ab, dass du widernatürlich bist. Und lerne, in einer Männerwelt mit männlichen Strategien zu überleben.

Erster!

Das ist eigentlich ganz einfach, du brauchst dazu nur den unbedingten Willen zum Siegen. Männer siegen sich zu Tode. Während für Frau meistens der Weg das Ziel ist, so will Mann nur eines: Den Sieg davontragen. Spiel doch mal Scrabble mit einem Mann. Aber beschimpf ihn hinterher nicht, dass er immer so blöde Wörter legt, nur weil er dafür die dreifache Punktzahl bekommt. Der Kerl wird dich verständnislos anschauen. Ja, spinnt sie denn, wer hat denn gesagt, dass es beim Scrabble um schöne Wortkombinationen geht?

Wenn du also wieder mal in einem Kundengespräch sitzt, dann denke daran, dass es nicht darum geht, den Kunden gut zu beraten. Das ist nämlich das Allerletzte, was er will. Er will Recht behalten. Also gib ihm Recht. Du wirst sowieso mit dem, was deine Erfahrung dir sagt, Recht behalten. Aber das merkt der Kunde erst sehr viel später und bis dahin hast du dein Honorar schon kassiert. Glaube mir, ich habe noch keinen erfolgreichen Rechtsanwalt, Unternehmensberater, Steuerberater, Immobilienmakler, Architekten, PR- oder Werbeberater getroffen, der anders handelt?

Jetzt kannst du dich natürlich typisch weiblich in die Ecke werfen und über die schlechten Berater dieser Welt lamentieren. Und alles sehr ungerecht finden. Typisch Weib. Wer zum Teufel hat dir eigentlich gesagt, dass die Welt gerecht sei?

Der Mensch ist ein wildes, mörderisches Tier, dem es nur darum geht, möglichst viel zu fressen und zu vögeln. Je größer die Stücke vom Kuchen sind, desto besser. Wenn du also den Kuchen der anderen Hälfte der Menschheit überlassen willst, nur zu.

Mein Haus, meine Badewanne, mein Schaukelpferd

Setzte dich mal mittags in ein typisches Business-Restaurant und höre zu. Am Nebentisch sitzen zwei Prachtexemplare der Gattung Mann. Sie sind offensichtlich befreundet. Aller Voraussicht nach wird dich das Gespräch an zwei Sechsjährige erinnern, die auf einem Baum sitzen. Zuerst vergleichen sie die Länge ihrer Pimmel und dann spielen sie Weitpinkeln. Die zwei geben an wie eine ganze Wagenladung Mücken. Mit ihren beruflichen Erfolgen, mit ihren Computern, Autos, sportlichen Highlights. Wenn sie sich trennen, haben sie einen wirklich erholsamen Lunch gehabt. Und du? Mit deinen Freundinnen redest du nur über Probleme. Wenn es um dein schönes Leben geht, wirst du sehr schmallippig. Hilfe, sie könnte ja neidisch werden. Auf deinen Kronleuchter, Perser oder gar auf deinen Partner. Stattdessen lässt du dich bedauern.

Noch schlimmer treibst du das beruflich. Wenn Mann einen unbedeutenden Teilsieg errungen hat, sagen wir mal, ein Kunde hat sich wohlwollend geräuspert und statt »nein« entnervt »vielleicht« gesagt, dann rennt Mann rum wie ein Gockel und erzählt jedem, der es nicht hören will, was für einen tollen Abschluss er gemacht hat. Du dagegen schreibst Aufträge wie blöd, hältst diesen Kollegen für einen Wichser und wenn dich einer fragt, was du den ganzen Tag machst, dann sagst du, na ja, ich versuche Aufträge zu bekommen. Und dann wunderst du dich, dass dieser blöde Wichser immer noch mehr verdient als du?

In Szene setzen

In der männlichen Welt ist Erfolg alles. Wenn du ihn auch haben willst, musst du erfolgreich scheinen. Verschrotte also deinen alten VW und schaffe dir was Repräsentatives an. Aber schau in den Fahrzeugschein. Die erste Frage, die dir deine Kollegen stellen werden, ist: »Wie viel PS?« Und wenn du dann sagst, »Weiß ich nicht«, bist du unten durch. Männer geilen sich nicht am Design eines Autos auf (sonst würde es viel schönere Autos geben). Aber technische Daten wie Hubraum, Größenbezeichnungen der Bereifung oder Achslasten machen sie einfach an. Sie sind zwar nicht in der Lage, eine Klimaanlage zu bedienen, aber die Kühlleistung kennen sie auswendig. Wenn du also als erfolgreich gelten willst, dann brauchst du die richtigen Daten unterm Hintern. Männer nennen das Fakten sammeln.

Was Männer Logik nennen

Männer halten dich für grenzenlos emotional (das schlimmste Vergehen aller Frauen), wenn du ohne Kenntnis der Fakten Entscheidungen triffst.

Jede Immobilienmaklerin wird mir bestätigen, dass es eine männliche und eine weibliche Art gibt, sich auf den Umzug in eine neue Wohnung vorzubereiten. Mann nimmt den Zollstock und misst eifrig. Frau stellt sich in ein Zimmer und lässt es auf sich wirken, um dann zu entscheiden: »Da kommt die Anrichte hin.« Dass die Anrichte genau dorthin passt, versteht sich für Frau von selbst. Mann geht hin und misst nach, ob dafür auch genug Platz ist. Frau sagt: »Aber das sieht man doch.« So sind bereits bei dem Versuch, eine gemeinsame Wohnung zu beziehen, viele Beziehungen gescheitert.

Jahrelang haben Wissenschaftler erforscht, wie man nachweisen kann, ob ein Ei frisch ist. Um diesen Nachweis zu erbringen, benötigt man ein Glas, zusätzlich zur Pfanne, in der man das Ei braten will. Frauen hauen munter das Ei in die Pfanne. Ist das Eigelb verschrumpelt, schmeißen sie das Ei weg. Die Methode des Mannes erfordert bei einem frischen Ei zwei Gefäße, die abgewaschen werden müssen. Die Methode »Aber das sieht man doch« erfordert nur eines. Nach diesem Prinzip haben Männer Schreibautomaten und Computer erfunden. Und das Prinzip heißt: Misstraue dir selbst, verlasse dich auf Fakten.

Wenn du also in die nächste Sitzung stiefelst, dann bereite dich mit männlicher Logik auf sie vor. Es reicht nicht, zu behaupten, das sei so, weil das schließlich jeder weiß. Du solltest alle verfügbaren Fakten finden, um zu beweisen, dass rosa eine Mischung aus rot und weiß ist. Du wirst dich wundern, wie viele wissenschaftliche Untersuchungen und Sekundärliteratur du zu diesem Thema findest.

Das kleine Zauberwörtchen

Wenn du bisher noch keine Karriere gemacht hast, aber jetzt, da deine Kinder aus dem Haus sind, endlich durchstarten willst, dann umgib dich mit Profiwerkzeug.

Bevor du zum Beispiel deinen neuen Arbeitsplatz in Augenschein nimmst, frage deinen Chef, wie viele Gigabyte Speicherkapazität dein Computer hat. Das wirkt gnadenlos professionell und lässt auf deine absolute Entschlossenheit zum Fleiß schließen. Er selbst weiß zwar nicht mal, wie man auf einem Computer schreibt, aber die technischen Daten hat er unter Garantie im Kopf.

Wenn du im Büro einen Verbesserungsvorschlag machst, dann verabschiede dich bitte sofort von so altjüngferlichen Formulierungen wie »Vielleicht sollten wir mal irgendwie für mehr Licht sorgen«. Erstens wirst du so garantiert keine neue Lampe bekommen und zweites gehören Worte wie »vielleicht« und »irgendwie« nicht in das durchschnittliche Vokabular der männlichen Bevölkerung. Wenn du aber unbedingt eine Lampe brauchst, dann schwärme von dem Sonderangebot im Heimwerkermarkt. Dort gebe es zurzeit Profistrahler für fünfzehn Euro. Der Chef persönlich wird sich von seinem Fahrer dorthin bringen lassen, um ein solches Ding zu erstehen.

Männer lieben Profiwerkzeuge. Die zwei kleinen Vorsilben lassen jedes Männerherz höher schlagen. Du brauchst einen Mann bloß mal in die Küche zu lassen. Zu deinem nächsten Geburtstag wird er dich mit so tollen Geschenken wie einem Profi-Mozzarella-Schneider oder einem Profi-Grapefruit-Schäler beglücken. (Bitte sei deshalb nicht sauer, er will dir wirklich nur das Leben erleichtern. Freu' dich darüber, dass er so unerotische Dinge einkaufen geht, nimm seine Kreditkarte und gehe damit zum Juwelier. So habt ihre beide euren Spaß.)

Männliche Statussymbole

Bevor du in einem neuen Job anfängst, stecke erst einmal dein Revier ab. Ohne Sekretärin geht überhaupt nichts. Du darfst niemals behaupten, dass du tippen kannst, es sei denn, du bist Sekretärin. Sonst musst du es für den Rest deines Lebens tun. Männer können nicht tippen. Deshalb haben sie Sekretärinnen.

Als nächstes forderst du dann ein Türschild mit deinem Namen und deinem – so vorhanden – akademischen Grad. Bitte nicht zögern, das machen sogar achtzehnjährige männliche Praktikanten so. Schau' dir deinen Schreibtischstuhl an. Wenn der nicht aussieht wie ein Chefsessel, dann musst du nachlegen. (Wir wissen ja jetzt, wie das geht: Ich habe da bei der Firma Meyer so einen ergonomisch geformten Profistuhl mit doppelter Hydraulik nach EU-Norm gesehen...)

Ein Telefon ohne 150 Speicherfunktionen und Display ist einfach unakzeptabel. Rechne deinem Chef vor, wie viel Zeit du zum Wählen brauchst, geschweige denn zum Telefonnummer suchen und schwupps hast du das niegelnagelneue Teil auf deinem Schreibtisch.

Dass der mindestens acht Quadratmeter haben sollte, ist klar. Wenn nicht, dann mache folgende Übung: Lege dir die Arbeit stapelweise für einen ganzen Tag zurecht. Auf jeden Stapel ein kleines Zettelchen. Wenn dein Schreibtisch damit nicht ausgefüllt ist, mache halt zwei Stapel aus einem. Das kriegst du schon hin. So und nun bitte ihn in dein Büro und frage, wo zum Teufel du eigentlich arbeiten sollst.

Eine derartig gute Arbeitsvorbereitung (Männer legen sich alles erst einmal hin, bevor sie es nicht brauchen) wird deinen Chef derartig anturnen, dass er dir den gewünschten Schreibtisch hinstellt und dir im Geiste gleich ein paar Pluspunkte aufschreibt. So was von systematisch!

So, jetzt hast du deine Statussymbole zusammen: Wenn deine männlichen Kollegen das sehen, halten sie dich für ein Ass. Wie, du hast Angst, dass sie neidisch sind? Natürlich sind sie neidisch, du Dummerchen, aber Neid ist das größte Kompliment, das sie dir machen können. Du machst Karriere, das sieht doch jeder.

Wenn jetzt das Telefon klingelt, heb' bloß nicht sofort ab. Permanente Verfügbarkeit ist schlecht für dein Image. Du hast wohl nichts Besseres zu tun, als sofort zum Hörer zu greifen. Also lass es mindestens fünfmal klingeln, erst dann bist du wichtig.

Wenn du jemanden anrufen willst, dann verkneif dir das gefälligst. Lass dich von deiner Sekretärin verbinden. Dein Entree ist sensationell, wenn der Vorstandsvorsitzende eines unbedeutenden Konzerns mit 12.000 Mitarbeitern zwei Minuten warten muss, um dann von deiner Vorzimmersuse »Ich verbinde jetzt mit Frau Schröder« zu hören. Das hat Klasse.

Je wichtiger ein Anruf ist, desto weniger sei verfügbar. Lass den einzigen Lieferanten in Europa für ein unbedingt benötigtes Teil mindestens siebenmal bei deiner Sekretärin anrufen, bevor sie dich mit den Worten verbindet: »Oh, ich glaube Sie haben jetzt Glück, Frau Meyer hat gerade aufgelegt.« Und damit wir uns richtig verstehen: Du wirst einen Teufel tun und zurückrufen, auch wenn sich die Rückrufzettel auf deinem Tisch stapeln.

Wenn du das beherzigst, weiß bald die ganze Branche, dass du der Shootingstar bist. Bereite dich darauf vor, indem du radikal jeden Bindestrich aus deinem Namen entfernst. Also, Frau Mösenlechner-Beine, vergiss entweder die Mösenlechner oder die Beine, sonst wird es nie was mit der Karriere.

Die richtigen Freunde

Nachdem du dir also alle Voraussetzungen geschaffen hast, um ganz nach oben zu kommen, hier ein paar männliche Strategien, um oben zu bleiben: Zunächst einmal leg dir Freunde zu. Das macht man natürlich nicht mit Abteilungssekretärinnen, Telefonistinnen oder Sachbearbeiterinnen. Und schon gar nicht mit einem gemütlichen Plausch beim Konditor über Probleme mit dem Ehemann. Gehe an innerbetriebliche Freundschaften genauso strategisch heran wie jeder Mann. Nach einer dreimonatigen Beobachtungsphase dürftest du selbst im größten Konzern die Hierarchien klar erkannt haben. Wer ist wichtig, wer wird wichtig, das sind die richtigen Fragen.

Da Chefs sich im Allgemeinen nicht mit Mitarbeitern anfreunden, brauchst du Kollegen, die einen guten Draht nach ganz oben haben. Dies sind die aussichtsreichsten Kandidaten für deine zukünftigen Freundschaften. Dazu gehören Chefsekretärinnen, Assistenten der Geschäftsleitung und Abteilungsleiter. Der Leiter der Buchhaltung ist zum Beispiel ein aussichtsreicher Kandidat, denn er kann durch eine entsprechende Verfügung über Wohl und Wehe deiner Karriere entscheiden. Wenn er deine Vorhaben für wichtig hält, wird das Geld dazu relativ schnell fließen. Wenn nicht, kannst du ackern so viel du willst: ohne Moos nichts los.

Nehmen wir mal an, du leitest die Abteilung Verkauf.

Die Freundschaft mit dem Leiter Marketing ist absolut unabdingbar. Gemeinsam seid ihr stark genug, um der Entwicklungsabteilung Beine zu machen. Kapiert?

Nervenstärke gewinnt

In vielen Firmen werden Positionen aus Unkenntnis der Materie oder aber auch aus Bösartigkeit heraus sozusagen doppelt besetzt. Eine beliebte Doppelbesetzung sind die Positionen PR und Öffentlichkeitsarbeit. Einer ist für PR zuständig, ein anderer für Öffentlichkeitsarbeit. Dass diese beiden Mitarbeiter sich bis zum Exzess hassen, ist so klar wie eine gut geklärte Consommé. Um diesem Dilemma zu entkommen, gibt es eine todsichere Strategie: Du reißt dich immer um die Arbeit, die am wenigsten Probleme bereitet. Nein, Mädchen, nicht um die mit der größten Herausforderung für dich. Du musst dir nichts beweisen, sondern deinem Chef klar machen, dass dein Konkurrent eine Flasche ist. Denn schließlich hat man zwei Leute eingestellt, damit der Stärkere überlebt. Also, immer schön easy. Soll der andere doch diese völlig unsinnige Pressekonferenz am Freitagnachmittag um sechzehn Uhr vorbereiten. Geschieht ihm ganz recht, wenn er vor leeren Stühlen sitzt. Du machst dafür das Weihnachts-Journalistenessen. Dabei geht garantiert nichts schief.

Und misch' dich bloß nicht mit Hilfsangeboten ein, unter dem Motto »Soll ich den Verteiler Korrektur lesen?«. Das ist wirklich das Letzte. Denn wenn du das tust, bist du hinterher schuld, wenn dein Konkurrent vor leeren Stühlen sitzt. Denn er wird behaupten, dass du die falschen Ansprechpartner im Verteiler übersehen hast.

Sollte wider Erwarten dein Weihnachts-Journalistenessen ein Flop sein, weil die Küche des Drei-Sterne-Restaurants komplett versagt hat, dann finde einen Schuldigen. Das ist ganz einfach. Du brauchst nur deinen ungeliebten Kollegen vorab um eine Empfehlung gebeten zu haben. Wenn er dir etwas zurufen will, dann bitte ihn, die paar Adressen doch schriftlich reinzureichen. Siehst du, das sind lebensrettende Maßnahmen.

Vergiss bitte nie, dass dein Widersacher männlich ist. Das, was du noch mühsam erlernen musst, hat dieser Kerl bereits mit der Muttermilch aufgesogen. Also, immer schön vorsichtig.

Als vorausschauende Maßnahme bietet sich folgende Strategie an: Wenn der Kerl sich einmal am Tag an die Nase fasst, lass Bemerkungen fallen wie »Ist euch schon aufgefallen, wie oft er sich an die Nase fasst?« und ein wenig später ohne direkten Zusammenhang zum Kollegen »Kokain soll ja die Nasenwände angreifen.« Autsch, das saß.

Wenn der Kerl sich gerade mal nicht wohl fühlt (Schnupfen reicht bei Männern meist schon für einen mittelschweren Schwächeanfall), dann ist deine Zeit gekommen. Weise im Kollegenkreis darauf hin, dass er in letzter Zeit ein bisschen schwächelt. Wenn er wieder da ist, sage ihm täglich, wie schlecht er aussieht. Männer glauben das für gewöhnlich und fühlen sich umgehend krank. Bald glaubt nicht nur er, sondern die gesamte Firma, dass deinem Widersacher etwas ganz Ernsthaftes fehlt. Es ist nur eine Frage der Zeit, wann du seinen Job mit übernehmen kannst. Erkundige dich aber vorher, wie viel er verdient. Und dann schlage zu.

Der arme Kerl, wirst du jetzt denken. Das ist ja Mobbing. Genau. Und arm ist er auch nicht, schließlich ist er ein Kerl. Schluss mit dem Betroffenheitsgetue, es sei denn, du willst als Firmenmutti Karriere machen. Das wird zwar nicht bezahlt, tut aber einigen ganz gut. Wenn du die Leiter hinauffallen willst, bist du nicht mehr für die emotionale Seite, für die Armen, die Schwachen und Hilfsbedürftigen zuständig. Höre auf, Opfer zu sein. Werde Täter. Als Mutter Theresa wirst du zwar irgendwann heilig gesprochen, aber erst nach deinem Tod. Und das nutzt bekanntlich wenig.

Im Prinzip habe ich gewonnen

Bitte komme nicht auf den Gedanken, dich bei der leisesten Kritik eines Kollegen oder gar deines Chefs zu fragen, was du falsch gemacht hast. Höre auf, permanent darüber nachzudenken, was du besser machen könntest. Wie du dich das nächste Mal verhalten könntest. Du machst nichts falsch. Punktum. Aus. Oder hast du schon mal einen Mann getroffen, der etwas falsch gemacht hat?

Wenn bei Männern etwas nicht so gelaufen ist, wie es sollte, dann hört sich das so an: »Im Prinzip war das ein toller Schachzug. Wie der Müller geguckt hat, als ich ihm den Kostenvoranschlag vorgelegt habe und die Abschlussfrage stellte: Wollen Sie nun die 2004er oder 2005er Version. Wenn die Firma Schulze ihn nicht bestochen hätte, wäre es das Geschäft unseres Lebens geworden. Na ja, dafür geht Schulze jetzt Pleite daran, schließlich kann sich das ja nicht rechnen. Es ist mir eine Freude zuzuschauen, wie Schulze sich vom Markt fegt, hihi.«

Hihi, so macht man Karriere.

Die Kehrschaufel

Das Wichtigste, was wir von Männern lernen können, ist uns die Welt nach unserem Gutdünken zurechtzubiegen. Schau dir mal an, was Mann macht, wenn ihn irgend etwas bedrückt. Nichts. Genau. Er redet nicht darüber, er denkt nicht daran, er versucht, es zu vergessen.

Jeder Mann ist mit einer riesigen Kehrschaufel in der Hand aus dem Mutterleib geschlüpft. Und damit schaufelt er alles, was ihm nicht gefällt, unter den Teppich. Und nur, wenn unter diesem Teppich mal ein paar Körnchen hervorquellen, wird er bereit und in der Lage sein, sich damit auseinander zu setzen. Nein, er leidet nicht darunter, warum sollte er. Du würdest wahnsinnig werden, wenn du wüsstest, was da unter dem teuren Perser alles lauert. Aber ihn ficht das nicht an. Wenn er zum Beispiel im Büro ein Problem hat, dann wird das weggeschaufelt. Er vertieft sich in *Autor Motor Sport* und belastet sein Gehirn mit Fakten wie Hubraum, Beschleunigung oder Gewicht der neuen S-Klasse. Da man nun aber nicht gleichzeitig über die ausgebliebene Gehaltserhöhung und die neue S-Klasse nachdenken kann, entscheidet er sich für den leichteren Weg, die S-Klasse.

Wie sonst kann es passieren, dass ein Mann völlig erstaunt ist, wenn seine Frau ihn verlassen will. Wo er doch immer so eine gute Ehe geführt hat! Frau hat ihm zwar in den letzten fünf Jahren jeden Tag die rote Karte gezeigt, er hat sie wohl auch gesehen, aber diese Wahrnehmung kam einfach auf die große Schaufel.

Jetzt sagst du: »Davon soll ich mir eine Scheibe abschneiden?« Na wenigstens eine kleine. Denn es kann ab und zu nicht schaden, die kleinen Problemchen eine

Schublade zu packen und sie zuzumachen. Ich meine, du stellst die Tamponschachtel ja auch nicht weithin sichtbar ins Bad. Und wenn man jedes kleine Problem tausendmal dreht und wendet, dann wird es zu einem großen.

Das Glas ist noch halb voll

Positiv denken hilft nicht nur in den Wechseljahren. Oder besser gesagt, ist gerade in den Wechseljahren besonders schwer, wenn man siehe oben zugrunde legt. Ich habe da für mich eine eigene Therapie entwickelt. Und die sieht so aus: Wenn ich abends aus diesem staubigen Pflegeheim komme und eine einstündige Unterhaltung mit meiner Mutter hatte, die sich in etwa so anhört:

»Hallo Mutti, mein Schatz, wie geht es dir heute?«

»Ich verstehe gar nicht, wieso Vati nicht kommt. Er hat den ganzen Tag vor der Tür gestanden.«

»Mutti, Vati kann heute nicht kommen, er ist beim Arzt. Und er hat auch nicht vor der Tür gestanden.«

»Also wirklich, dass er so unzuverlässig ist und nicht mal reinkommt, dabei hat er doch schon vor der Tür gestanden.«

»Mutti, das war nicht Vati.«

»Aber wenn ich es dir sage. Ich wundere mich, dass Vati heute nicht kommt. Er hat doch den ganzen Tag vor der Tür gestanden.«

»Mutti, Vati kommt heute nicht.«

»Ich muss mal.«

»Okay, ich helfe dir.«

Also, wenn ich nach solchen ausschweifenden, den Geist anregenden, duftigen Gesprächen heimfahre, dann denke ich mir, dass ich unbedingt gerade diesen Abend jetzt und heute genießen sollte. Wer weiß, ob ich nicht selbst mal in so einem Pflegeheim dahinvegetieren muss und das Pflegepersonal an den Rand des Wahnsinns treibe. Ich verabrede mich mit meinem Mann beim Italiener, wir essen was Schönes und reden über Gott, die Welt und uns.

Natürlich passiert es mir, dass ich an solchen Abenden ein Gläschen zu viel trinke und ich rede mir dann ganz kräftig ein, dass ich das ausschließlich aus Freude getan habe, aus Freude darüber gesund, heil und im Vollbesitz meiner Kräfte zu sein. Denn eins habe ich von meinem Mann gelernt: Ein bisschen Selbstbetrug erleichtert das Leben, absolut.

10. Von Frauen lernen

Doch, wir können sehr viel von anderen Frauen lernen. Es gibt eine Menge erfolgreicher Frauen, denen wir mal etwas genauer auf die Fingerchen schauen sollten, um zu sehen, mit welchen Strategien sie Erfolg haben.

Auto Motor Sport

Da ist zum Beispiel Carola, die erfolgreiche Boutiquebesitzerin. Sie hat einen kleinen Laden, der ständig voll ist. In der Mitte des Ladens stehen bequeme Sessel und dort liegt *Auto Motor Sport*. Ob du es glaubst oder nicht, die Männer der Frauen, die sich hier einkleiden, kommen gern in den Laden. Sie machen es sich bequem, bekommen einen Sekt oder einen Cappuccino angeboten. Und reden der trauten Gattin zu, das kleine Gelbe doch mal anzuprobieren, weil sie gerade in einen superspannenden Artikel über den neuen Porsche vertieft sind. Sobald der Angetraute den Artikel fertig gelesen hat, fragt die erfolgreiche Besitzerin, wie es denn in den USA war. *Auto Motor Sport* sind vergessen, der Liebste erzählt, während das kleine Gelbe bereits eingepackt wird. Da die werte Kundschaft in zwei Wochen nach Italien fahren will, zieht unsere clevere Carola noch einen tollen Baumwollpullover hinter dem Tresen hervor. »Den könnten Sie gut brauchen, abends auf der Terrasse bei einem Gläschen Wein.« Was glaubst du, mit wie viel Stücken unser Ehepaar den Laden verlässt? Genau: das kleine Gelbe, den Baumwollpullover, dazu eine dreiviertellange, schmal geschnittene Hose und ein kurzes Jäckchen für das kleine Gelbe. Die Besitzerin wünscht den beiden strahlend eine gute Reise und du kannst sicher sein, beim nächsten Besuch wird sie nicht vergessen, sich nach dem Italienurlaub zu erkundigen.

Was können wir also von unserer geschäftstüchtigen Boutiquebesitzerin lernen? Sie gewinnt ihre Kunden dadurch, dass sie sich in sie hineinversetzt. Nicht mehr und nicht weniger. Und das ist etwas, was Frauen meist besser liegt als Männern. Wir sind zum Mitfühlen erzogen worden, Frauen die das einsetzen, haben Erfolg.

Wir

Da ist Heidi, die erfolgreiche Chefin eines kleinen Dienstleistungsunternehmens. Bei jedem neuen Auftrag versammelt sie ihre Mitarbeiter und fragt: »Wie wollen wir diesen Auftrag denn bearbeiten?« Sie sagt nicht »Ich will, dass Herr Müller das übernimmt«, sie sagt auch nicht »Ich bestehe darauf, dass der Kunde besonders gut bedient wird«. Das kleine Wörtchen »wir« reicht völlig aus, damit die gesamte Mannschaft sich mit Freude um den Auftrag kümmert, Herr Müller gern als Ansprechpartner fungiert und der Kunde bestens bedient wird. Erfolgreiche Frauen zeichnen sich oft dadurch aus, dass sie teamorientiert denken.

Die Theaterkarten

Manchmal hilft es auch, die eigene Mutter zu beobachten. Noch im zarten Alter von fünfundsiebzig hat meine Mutter mich glatt vom Platz gefegt. Ich erinnere mich noch an diese wundervolle Parisreise. Wir feierten unsere Ankunft in einem lauschigen Lokal in St. Germaine mit einer Flasche Wein und einer herrlichen Meeresfrüchteplatte. Am Nachbartisch saß ein älterer Herr mit seiner Tochter, beide aus Holland. Mutti lächelte den Mann an, schaute auf seinen Teller und fragte, wie das Gericht denn heiße, das da so köstlich duftet. Es wurde ein toller Abend. Die beiden vom Nachbartisch setzten sich bald zu uns, begleiteten uns ins Hotel und der ältere Herr steckte Mutti seine Telefonnummer zu.

Am nächsten Mittag gingen wir wieder in ein kleines Restaurant. Wir saßen auf der Terrasse an einem rotkariert eingedeckten Tisch und blickten auf die Bouquinistes am Ufer der Seine. Da kam ein großer, gut aussehender Schwarzer, so um die fünfzig, auf das Lokal zugeschlendert. Er schaute sich suchend um. Mutti strahlte ihn an. Er setzte sich sofort an den Nebentisch und zwei Minuten später kramte meine Mutti ihren gesamten englischen Wortschatz hervor, um ihm mitzuteilen, dass das Essen hier ganz köstlich sei; aber der Kellner recht lange auf sich warten lasse. Der gut aussehende Mann erwies sich als weltbekannter amerikanischer Sänger auf Wochenendausflug in Paris. Nachdem wir dann (gemeinsam) gegessen hatten, hat er uns für den Rest des Tages durch Paris begleitet. Als es Zeit für seinen Rückflug nach London wurde, nahm er meine Mutter in den Arm, gab ihr einen Kuss und lud sie ein, beim nächsten

Weekendausflug doch mal in London in der Oper vorbeizuschauen.

Wie Mutti das macht? Eigentlich ganz einfach. Sie hat überhaupt keine Hemmungen und ist so natürlich nett und spontan, dass jeder sich sofort zu ihr hingezogen fühlt.

Ich erinnere mich noch an eine Szene aus meiner Teenagerzeit. Meine Mutter musste kurz vor dem Urlaub auf die Bank. Dort stand am Nebenschalter Martin Held, ein Schauspieler, den meine Mutter wirklich verehrte. Sie drehte sich um, lächelte Martin Held an, und dann fiel ihr etwas ein. Sie schritt entschlossen auf den Mann zu und sagte: »Mensch, Herr Held, das ist aber toll, dass ich Sie hier treffe. Sie erinnern mich daran, dass ich mein Theaterabonnement noch abbestellen muss.«

Was glaubst du, machte Martin Held? Genau, er lachte schallend. Als er endlich wieder Luft kriegte, fragte er, ob er denn so schlecht gewesen sei. Da verstand auch meine Mutter, warum der große Mime so lachte. Dann lachte auch meine Mutter und weil sie so ansteckend lachen konnte, lachte bald die ganze Bank Tränen.

Dass meine Mutter mit ihrer Spontaneität und ihrem Humor mit zweiundfünfzig nach zwanzig Jahren wieder zurück ins Berufsleben gegangen ist, habe ich wohl schon erwähnt. Wie sie das gemacht hat? Eigentlich ganz einfach. Sie hat sich die Tante vom Zeitarbeitsamt gegriffen und in der ihr eigenen, charmant-offenen Art dieser ihr Leid geklagt. Über ihre Tochter, die immer so tolle Jobs als Hostess kriegt und dadurch gar nicht zum Studieren kommt.

Daraufhin kriegte ich weniger tolle Jobs, dafür aber meine Mutter. Zuerst als Gesellschafterin bei einer blinden Dame. Nach deren Ableben und einer kleinen Erbschaft für meine Mutter wurde sie die ständige Aushilfschefsekretärin in einem großen Betrieb, der sie bis zu ihrem siebzigsten Lebensjahr regelmäßig anforderte und der ihr über zwölf Jahre hinweg eine Heimat war. Bis zur Pensionierung meines Vaters hielt Mutti diese kleinen »Nebentätigkeiten« und die daraus resultierende finanzielle Unabhängigkeit Vati gegenüber geheim, erstaunte aber durch ein neu gewonnenes Selbstbewusstsein. Mit der Frau vom Arbeitsamt verband sie all die Jahre eine Freundschaft.

Westgeld

Auch unsere Putzfrauen können ein Quell der Information über »Wie bekomme ich mein Leben in den Griff« sein. Wie, du meinst, die seien ja nicht erfolgreich? Falsch. Ich habe tiefsten Respekt vor unserer Putzfrau. Sie ist vierundsiebzig Jahre alt und arbeitet seit vierzehn Jahren für meinen Mann. Früher war sie Buchhalterin. Nach ihrer Pensionierung hat sie einen Job in Westberlin gesucht. Einen, bei dem sie Westgeld verdienen konnte, das ihr ohne viel Formalitäten ausgezahlt wurde. Natürlich arbeitete sie nicht nur bei meinem Mann, sondern pflegte auch noch dessen Mutter bis zu ihrem Tod und arbeitete bei meiner Mutter als Gesellschafterin.

Das Geld, das sie seit Jahren in unserem Haushalt verdient, ermöglicht ihr im Alter einen gewissen Luxus, den sie bei ihrer Rente sonst nicht hätte. Aber das ist nicht der Grund, warum sie immer noch arbeitet. Sie hat erkannt, dass sie es braucht, gebraucht zu werden. Sogar ihre Ärztin hat ihr gesagt, dass sie so lange wie möglich arbeiten soll, denn das täte ihrem Körper und ihrem Blutdruck gut. Sie geht das Ganze sehr langsam an, aber da sie pauschal bezahlt wird, interessiert es uns nicht, wie viele Stunden sie braucht, bis unsere Wohnung blitzt und blinkt. Dass diese Frau zu unserer Familie gehört, ist doch wohl klar, oder?

Wenn dir weder Mutter, noch Freundinnen, noch Putzfrauen oder andere erfolgreiche Frauen als Vorbilder dienen können, dann empfehle ich als Quelle noch Biographien. Es gibt kaum etwas Entspannenderes, als im Leben anderer Frauen zu schmökern, mit ihnen zu leiden und zu lachen.

Absolut ungeeignete Strategien

Aber nicht nur aus den Erfolgen anderer Frauen, sondern auch aus ihren Fehlschlägen kannst du etwas lernen. Ich möchte dir ein paar Strategien vorstellen, die absolut nicht dazu geeignet sind, die Zukunft in den Griff zu kriegen.

Durchbrennen

Da ist zum Beispiel die erfolgreiche Notarin, die sich kräftig verspekuliert hat. Anstatt dies mit ihrer Familie zu besprechen, notfalls den Finger zu heben und weiterhin glücklich als Rechtsanwältin zu arbeiten, haut sie ab. Und hinterlässt geplünderte Mandantenkonten. Jetzt sitzt sie für fünf Jahre im Gefängnis, die Zulassung ist weg. Die Familie ist entsetzt. Die Gläubiger finden das mordslustig. Zukunft ade.

Ausrasten

Und dann ist da die erfolgreiche Chefsekretärin mit kräftesparend verheiratetem Lover, den sie allerdings gern heiraten möchte. Als sie einen neuen Chef bekommt, hat sie Angst, dass der Neue sie nicht haben will, dass sie seinen Ansprüchen nicht gerecht werden kann. Bevor der neue Chef überhaupt angetreten ist, bekommt sie einen kapitalen Nervenzusammenbruch. Ab in die Geschlossene, fünf Monate Psychotherapie. Das war natürlich genau die richtige Art, ihren neuen Chef von sich zu überzeugen und ihren Lover zum Ehemann zu machen.

Auswandern

Alternativ stelle ich dir noch die Bäuerin vor. Früher hat sie eine erfolgreiche Werbeagentur geleitet. Dann bekam sie ihre Midlife-Crisis und versuchte sich als Kiwi-Züchterin in Spanien. Die Kiwis wollten nicht so wie sie, die Knete war bald aufgebraucht und Spanien war auch nicht das, was sie sich erhofft hatte. Jetzt sitzt sie im Hinterstübchen einer jungen kreativen Agentur in Deutschland und darf hinter geschlossenen Türen Werbetexte schreiben.

Brücken abbrechen

Da ist die Lili. Lili war Hebamme mit Behinderung. Sie konnte Babys nämlich nicht mehr sehen. Das Thema langweilte sie zu Tode. Lili lebte allein, hatte ihr Abitur auf der Abendschule nachgemacht. Um sich ihre Träume zu verwirklichen, hat sie ihren Job und ihre Wohnung aufgegeben, ihre Möbel eingelagert, um bei einem zeitlich begrenzten Delfin-Projekt mitzuarbeiten. Als sie merkte, dass auch die Delfine sie nicht glücklich machen, ging sie wieder zurück nach Deutschland. Jetzt möchte sie gern studieren. Lili ist Mitte fünfzig und überlegt, wie sie mit dem Sozialhilfesatz für den Rest ihres Lebens auskommen soll. Jetzt schreibt sie Lyrik und hofft, damit Geld zu verdienen.

Meckern

Dann fällt mir noch die Chefin ein. Die war schlau, schön, charmant und gnadenlos erfolgreich. Zusammen mit ihrem Mann leitete dieses Superweib seine Firma. Ihren Mann hatte sie wie einen Angestellten behandelt. In Sitzungen stellte sie ihn vor versammelter Mannschaft bloß. Auf einem Betriebsfest setzte sich eine pummelige, langweilige Aushilfssekretärin auf seinen Schoß. Seitdem ist die Aushilfssekretärin nicht mehr Aushilfssekretärin und die Chefin nicht mehr Chefin.

Verlassen

Zum Schluss noch eine alte Freundin von mir: Sie war mit einem erfolgreichen Mann verheiratet und arbeitete selbst recht erfolgreich. Als sie in die Wechseljahre kam, meinte sie, ihren Mann, den sie zwar liebte, mit dem sie aber »nicht zusammenleben konnte«, zugunsten eines knackigen, zehn Jahre jüngeren Schwarzen verlassen zu müssen. Den heiratete sie zu allem Überfluss noch und machte mit ihm eine Kneipe auf. Tagsüber verdiente sie das Geld in ihrem alten Beruf, nachts stand sie in der Kneipe ihres Mannes hinter dem Tresen. Vier Jahre später war sie pleite, der Laden pleite und Ehemann Nummer zwei war auch futsch.

Du siehst also, durchdrehen hilft überhaupt nicht. Es ist immer ein Weg ohne zurück. Bevor du mit den Millionen deiner Mandanten, mit einem jungen Lover oder mit Kiwi-Samen durchbrennst oder einen Nervenzusammenbruch oder gar eine Szene in der Firma riskierst, überlege dir, welches Hintertürchen du dir offen halten kannst.

11. Wie man todsicher jeden Mann verjagt

Natürlich willst du nicht nur gut aussehen, Karriere machen, ein neues Hobby finden und auf der Höhe der Zeit sein. Du willst vor allem den Mann deines Herzens nicht an eine Jüngere verlieren. Dann wird es Zeit, dein Verhalten kritisch zu hinterfragen.

Tofu-Bratlinge und andere Widerwärtigkeiten

Du hast endlich eingesehen, dass du gesünder leben musst. Deine Freundin hat dich zu einem Vortrag mitgenommen und jetzt bist du auf dem makrobiotischen Trip. Okay, wenn dir danach ist. Aber versuche bitte nicht, deinen Mann vollwertig oder mit Hayscher Trennkost zu traktieren. Wenn du nicht gerade sexuell abartig veranlagt und mit einem Graupapageien verbandelt bist, dann sind Tofu-Bratlinge und ähnliches Zeugs die sicherste Methode, jedes männliche Lebewesen aus deinem Leben zu verbannen. Frau sieht ja schon an Hillu, was bei so einem Unfug herauskommt. Ihr Kerl hat sie wegen einer Currywurst verlassen und bald darauf wurde er Kanzler.

Liebe geht durch den Magen. Also zeige ihm deine Liebe mit allem, was nicht nur seinen Magen, sondern auch sein Herz erwärmt. Die viergängigen Menüs mit 24 Jahre altem Balsamico und getrüffeltem Kürbissüppchen an

Kräuterschaum kannst du dir getrost für Eure Gäste aufsparen. Brate dem Liebsten eine anständige Bulette, schicke eine Rote Grütze hinterher und schon ist er glücklich. Auch Eierkuchen in allen Variationen sind ein streng gehütetes Geheimnis vieler dauerhaft glücklicher Ehen. Das kennt er nämlich von seiner Mutter und wenn du nicht aufpasst, sagt er bald Mutti zu dir. Das wäre zwar schlecht für dein Image, lässt aber auf eine stabile, tief empfundene Zuneigung schließen.

Die Katze lässt das Mausen nicht

Viel gefährlicher als Vollwertkost ist aber deine Zunge. Hüte sie, Weib, sonst schlägst du ihn in die Flucht. Am besten plauderst du nur übers Wetter und was ihr am Wochenende vorhabt. Denn alle anderen Themen enthalten gefährliche Tretminen.

Da wäre zunächst einmal sein Beruf. Ich gehe davon aus, dass es dich interessiert, womit dein Liebster sein Geld verdient. Wenn er Sorgen hat, dann solltest du ihm zuhören und Fragen stellen. Aber beiß' dir auf die Zunge, wenn dir auch nur der Ansatz eines kritischen Kommentars über die Lippen will. Erstens ist die männliche Seele viel empfindlicher, als du dir in deinen schlimmsten Wechseljahresstimmungstiefs vorstellen kannst und zweitens ist Kritik sowieso völlig unangebracht, da vergeblich.

Und dann ist da noch sein Hobby. Wenn er freudestrahlend nach Hause kommt und dir wie ein Siebenjähriger berichtet, dass er das zweite, das fünfte, das sechste, das neunte, das zwölfte, das vierzehnte und das achtzehnte Loch Par gespielt hat und sein Golfpartner total sauer darüber war, dann lobe ihn. (Für Nichtgolfer: Par ist die für Nichtprofis niedrigstmögliche Anzahl der Schläge, die man braucht, um einen Ball ins Loch zu bekommen.) Nicht etwa nur mit »mhm, schön« oder mit »prima«. Jetzt ist Kreativität gefragt. Selbst wenn du dich bei Gott nicht daran erinnern kannst, ob das achtzehnte Loch ein Par drei oder ein Par fünf ist, reiße begeistert die Hände in die Höhe und rufe: »Toll, das achtzehnte Loch Par, na, da gratuliere ich dir aber.«

Ich meine, du lobst schließlich auch deine Katze, wenn sie stolz wie Oskar mit einer Maus in der Schnauze vor dir steht. Sie hat diese Maus für dich gefangen. Also hat dein Süßer genau das gleiche Recht. Er glaubt einfach, bei allem und jedem Sieger sein zu müssen, damit du auf ihn stolz bist. Und wenn er nur seine sechsjährige Nichte beim Scrabble geschlagen hat. Das hat wohl was mit Genen zu tun, jedenfalls kannst du dieses Verhalten nicht wegdiskutieren. Also stelle dich der Herausforderung und lobe ihn.

Seele ist suspekt

Dir geht es bescheiden. So richtig rundum depri. Rede darüber mit wem du willst, aber nicht mit einem Mann. Das schlimmste, was du jedwedem Mann antun kannst, ist ihm das Gefühl zu geben, dass du deine Befindlichkeiten pflegst. Gerade Frauen in vorgerücktem Alter neigen dazu, entgegen aller Erfahrung den Versuch zu machen, ihm ihre Seele zu erklären. Herrgott noch mal, er hat dich nicht wegen, sondern trotz deiner Seele ausgewählt. Alles, was Männer nicht anfassen können, ist ihnen suspekt.

Und was sie nicht verstehen können, das ignorieren sie. Wenn du also ignoriert werden willst, dann nur zu.

Ich höre dich jetzt empört aufstöhnen. Jetzt willst du mir sicher einen Vortrag halten über Themen wie »Die Grundlage jeder guten Beziehung ist Ehrlichkeit« oder über »Selbstverwirklichung statt Selbstverleugnung« oder gar über »Man muss sich doch mal ganz auf etwas einlassen«. Okay, rufe mich an, wir können darüber diskutieren. Aber lass dir bloß nicht einfallen, einem Mann, den du behalten oder bekommen willst, einen solchen Vortrag zu halten. Frau Oberlehrerin ist die schlimmste Variante der Schreckschraube. Wenn du dabei noch streng über deine halbe, rotgetönte Lesebrille schaust, die zu allem Übel noch an einer Goldkette hängt, hast du schon verloren. Für immer und ewig.

Blondinenwitze

Dafür lache dich bitte halb krumm, wenn er mit dem neuesten Witz aus dem Playboy nach Hause kommt. Männer hassen humorlose Frauen. Nun ist Humor ja bekanntlich etwas mit einer männlichen und einer weiblichen Seite, aber das darfst du ihm nie zeigen. Deshalb solltest du es tunlichst vermeiden, mit ihm zusammen eine Komödie anzuschauen. Da du mit großer Wahrscheinlichkeit weder über den großen Blonden mit dem schwarzen Schuh noch über eine frühe Louis de Funès-Klamotte lachen kannst, desavouierst du dich sofort als humorlos. Wenn du aber Tränen vergießt über die weitaus subtileren Scherze einer Komödie wie »Männer«, dann ist er mit Sicherheit in seinem Ego gekränkt.

Also schafft euch entweder einen zweiten Fernseher an oder den Fernseher ganz ab. Denn wenn dir mal nach einem raffinierten Psychothriller ist, wird er den ganzen Abend nervös durch die Wohnung tigern. Schließlich läuft auf Pro 7 gerade die siebenundzwanzigste Folge von *Herkules*.

Typisch weibliche Reaktionen

Setzen wir uns einfach mal auf eine Parkbank und hören einem sehr alten Ehepaar zu. Das klingt dann wie folgt:

»Schau mal dieser Sonnenuntergang, sieht aus wie damals in Florida.«

»Ich hasse Sonnenuntergänge.«

»In Florida hast du sie geliebt.«

»Ich habe dich geliebt.«

»Soll das heißen, dass du mich jetzt nicht mehr liebst?«

»Das soll heißen, dass ich die Sonnenuntergänge dir zuliebe geliebt habe.«

»Und jetzt liebst du mich nicht mehr.«

»Das habe ich nicht gesagt, verdammt. Ich kann Sonnenuntergänge nicht leiden. Weil ich Dunkelheit nicht leiden kann.«

»Du hast aber eben gesagt, dass du mir zuliebe die Sonnenuntergänge geliebt hast. Also liebst du mich nicht mehr, wenn du jetzt keine Sonnenuntergänge mehr leiden kannst.«

»Karla, ich kann in der Dunkelheit kaum noch sehen. Ich brauche Tageslicht. Lass uns nach Hause gehen.«

»Früher hast du die Dunkelheit durchaus zu schätzen

gewusst, wenn ich mich recht erinnere. Denk doch nur mal an unsere heißen Nächte.«

»Karla, ich habe Dunkelheit noch nie zu schätzen gewusst, du hast doch immer das Licht ausgemacht.«

»Willst du damit sagen, dass ich verklemmt bin?«

»Ich habe nicht gesagt, dass du verklemmt bist, sondern dass du immer darauf bestanden hast, das Licht auszumachen, wenn wir uns geliebt haben.«

»Und es hat dir natürlich überhaupt keinen Spaß gemacht.«

»Ich habe nicht gesagt, dass es keinen Spaß gemacht hat.«

»Wie kann es dir Spaß gemacht haben, wenn du Dunkelheit nicht leiden kannst?«

»Karla, ich wollte, dass es für dich schön ist.«

»Aha und für dich war das nie schön, das fasse ich jetzt nicht.«

»Karla, ich habe nicht gesagt, dass es nie schön für mich war. Ich habe nur gesagt, dass ich wegen dir immer das Licht ausgemacht habe.«

»Du hast aber nie gesagt, dass du es lieber bei Licht mit mir treiben willst!«

»Du hast mich ja nie gefragt.«

»Ach so, es lief also immer nur so, wie ich es wollte. Und mein Herr Gemahl hat sich gefügt und auf sein Vergnügen verzichtet.«

»Karla, bitte, es wird kühl, lass uns gehen.«

»Du willst wohl nicht darüber reden?«

»Worüber reden?«

»Über Sex. Über Liebe. Über uns.«

»Karla, wir sind seit achtundzwanzig Jahren verheiratet.«

»Und plötzlich fällt dir ein, dass du mich nicht mehr liebst, dass du noch nie Spaß mit mir gehabt hast und dein

Leben lang auf alles verzichtet hast, um es mir schön zu machen.«

»Das habe ich nicht gesagt, verdammt noch mal. Mir ist kalt.«

»Mir auch, neben dir. Du bist so was von herzlos. Erst erklärst du mir, dass unsere gesamte Ehe ein totaler Flop war und dann willst du nach Hause und erwartest, dass ich dir wie jeden Abend Brühe koche und die Stullen schmiere.«

»Ich kann mir auch selbst mein Abendbrot machen.«

»Ach so, du brauchst mich also nicht mehr, ist es das, was du mir die ganze Zeit sagen willst?«

»Hör mal, das Gespräch wird langsam absurd. Was glaubst du eigentlich, warum wir so lange verheiratet sind?«

»Na offensichtlich, weil du zu faul bist, dir selbst dein Abendbrot zu machen.«

»Karla, es reicht jetzt!«

»Mir reicht es schon lange. Seit Jahren darf ich für dich bügeln, waschen, einkaufen, putzen, Essen kochen und du tust nichts.«

»Ach, und wer macht die Reparaturen am Haus und am Wagen, wer kümmert sich um die Finanzen und wer mäht den Rasen, schneidet die Sträucher?«

»Wenn du mehr Geld verdienen würdest, könnten wir Leute dafür bezahlen, die das machen.«

»Willst du dich jetzt beschweren, dass ich zu wenig Geld verdiene? Bis jetzt hast du doch ganz gut von meinem Geld gelebt.«

»Was heißt hier von deinem Geld? Das ist doch wohl die Höhe, ich schufte mir die Hände wund, um dir den Rücken frei zu halten und jetzt ist es plötzlich dein Geld.«

»Hast du dich mal gefragt, wie ich mich wundgeschuftet habe?«

»Dass ich nicht lache, du hast doch immer nur mit deinem Hintern auf deinem Sessel gehockt und dich bei jeder anstehenden Beförderung geduckt.«

»Ist schon erstaunlich, dass du es so lange mit so einem Versager ausgehalten hast.«

»Ich habe nicht gesagt, dass du ein Versager bist.«

»Doch, du hast gesagt, dass ich mich vor jeder Beförderung gedrückt habe.«

»Und, bist du befördert worden?«

»Ich mache den Job, den ich gerne mache. Ich wollte einfach nicht nur noch Chef sein.«

»Siehst du, das sage ich doch die ganze Zeit. Du machst dir eine schöne Zeit, während ich mich zu Hause abgeschuftet, unsere Kinder erzogen und den Haushalt organisiert habe.«

»Aber du wolltest es doch so!«

»Hast du mich jemals gefragt, ob mir das Spaß gemacht hat? Ob ich mich nicht auch lieber selbst verwirklicht hätte?«

»Ach, du hast dich also nicht selbst verwirklicht? Wärst du lieber weiter als Telefonistin in dieses Büro gegangen und hättest die Kinder in einen Hort gesteckt?«

»Ich hätte Karriere machen können.«

»Als Telefonistin.«

»Nein, aber vielleicht ein Call-Center aufmachen oder ins Marketing gehen oder Chefsekretärin werden.«

»Ich habe dir nie Steine in den Weg gelegt, wenn du hättest arbeiten wollen, hättest du das sehr gut machen können.«

»Und wer hätte dann die Kinder erzogen?«

»Andere Frauen arbeiten auch und haben Kinder.«

»Na klar, andere Frauen sind auch viel fleißiger, begabter und besser als ich, das ist es doch wohl, was du mir jetzt hier unterjubeln willst.«

»Karla, mir ist so kalt!«

»Ach Gott, der Kleine könnte einen Schnupfen kriegen. Das wäre ja eine Katastrophe, pass auf, dass du nicht stirbst.«

»Jetzt reicht's, ich gehe.«

Auch so kann man Männer verjagen.

Chianti oder Retsina

Am leichtesten verjagt man ihn allerdings durch folgende Strategie: Ihr habt Gäste. Kaum macht dein Süßer den Mund auf, verbesserst du ihn. Okay, er hat sich geirrt, ihr habt euch nicht auf Capri, sondern auf Korfu kennen gelernt, aber ist das wirklich so wichtig? Er erinnert sich doch so genau an den fürchterlichen Kater, den ihr beide nach dieser Flasche Chianti hattet. Wenn du jetzt auf Retsina bestehst, dann ist nicht nur der Abend gelaufen. Wenn du dann allerdings auch noch zum Besten gibst, dass er immer so einen Scheiß erzählt und du allmählich erste Anzeichen von Alzheimer bei ihm befürchtest und dich Mitleid heischend bei euren Freunden über seine mangelnde Zuneigung beklagst, dann kann dir wirklich keiner mehr helfen. Wenn der Kerl dich nicht in die Wüste schickt, ist er ein Idiot. Und das ist wohl das Letzte, was du brauchst.

Erkenne dich selbst

Du willst eine ehrliche Beziehung zu einem Mann, willst dich nicht verstellen, sondern so geliebt werden, wie du bist. Okay. Nur zu. Wie bist du denn? Was unterscheidet dich von der schönen Nachbarin? Was hast du zu bieten, was seine Sekretärin oder die kleine Kollegin nicht zu bieten hat. Und vergiss jetzt alles Unehrliche, was du dir so im Laufe deines Lebens zusammengereimt hast. Wer bist du?

Liebe Freundin, wir sind jetzt in einem Alter, in dem wir langsam aber sicher wieder zu uns selbst zurückkehren sollten. Und nicht versuchen, mit viel Geld, Mühe und Liebe einen anderen Menschen aus uns zu machen. Du verstehst nicht, was ich meine? Na, dann werde ich dir mal ein paar Mädels vorstellen:

Die Kultivierte

Sie ist fünfzig und fühlt sich topp, jedenfalls nachdem sie mit viel Mühe ihren Geburtstag überstanden, den Kater auskuriert und die 100-Watt-Lampe am Schminkspiegel durch eine 75 Watt-Birne ausgetauscht hat. Diese Frau ist rundum kultiviert, bis in die Fußspitzen. Selbst, wenn sie allein ist, trägt sie Negligé, sie würde nie ohne Fußpflege außer Haus gehen. In ihrem Bücherschrank stehen Thomas Mann und John Updike, Hermann Hesse und Jean-Paul Sartre. Sie liebt italienische Opern und deutsche Symphonien, sie isst am liebsten Japanisch und Italienisch und sammelt moderne Skulpturen. Sie hat kein Gramm Fett zu viel und ihre Haar zeigt nie die Spur eines Färbeansatzes.

In letzter Zeit fährt sie immer öfter zu ihren Eltern aufs Land, ab und zu nimmt sie auch mal ihre Freunde mit. Und plötzlich lernen wir diese rundum kultivierte Frau von einer ganz anderen Seite kennen. Sie stürzt sich begeistert auf Muttis Hackbraten und die eingemachten grünen Bohnen, trinkt gleichmütig Kröver Nacktarsch und sieht ihrer Mutter dabei so ähnlich, dass es fast weh tut. Nach dem dritten Glas Kröver Nacktarsch schmettert sie zusammen mit den Nachbarn »Es fährt ein Zug nach nirgendwo« zwölfstimmig, und fegt die Asche ihrer Zigarette von der Wachstuchtischdecke.

Während sie zu Hause in italienischem Design mit leichtem Antiquitäteneinschlag wohnt, stört sie bei ihren Eltern die Teakholzschrankwand irgendwie überhaupt nicht. Wenn man sie, ganz dezent natürlich, fragt, wie sie das denn aushalte, wird sie sauer und philosophiert über das einfache Leben an sich und die Geborgenheit der Gemeinschaft, die in unseren Städten so überhaupt nicht mehr zu finden sei. Weißt du, sagt sie, hier ist alles irgendwie echt.

Nun stellen wir uns mal vor, diese rundum kultivierte Frau lernt einen rundum kultivierten Mann kennen und nimmt ihn mit zu ihren Eltern. Wir haben wir zwei Möglichkeiten: Entweder, der rundum kultivierte Mann versohlt ihr den Hintern, fordert lauthals mehr Hackbraten und grüne Bohnen oder er lässt sich nie wieder blicken.

Wenn er ersteres tut, dann wahrscheinlich aus folgendem Grund: Auch er hat Eltern mit Teakholzschrankwand und Wachstuchtischdecke, mag gern mal alte deutsche Schlager singen und hat eine Vorliebe für Hackbraten und eingemachte grüne Bohnen. Das entspricht so in etwa seiner Vorstellung von Geborgenheit.

Oder aber er stammt aus einem Milieu, das dem bürgerlich kultivierten Erscheinungsbild seiner neuen Freundin in etwa entspricht. Dann kann er das Ganze nur als Zoobesucher betrachten und verständnislos die Nase rümpfen. Ob er je mit ihr eine wirklich gute Beziehung haben wird, steht in den Sternen. Denn unsere Freundin hat selbst mit fünfzig immer noch nicht den Mut, ihre eigenen kleinen Abgründe, ihren Hang zur Spießigkeit zu sehen. Anstatt zu Hause mal Hering in Tomatensauce zu essen, sich in ein Flanellnachthemd zu werfen und dabei genüsslich zu grunzen, fährt sie ständig was ganz Kultiviertes auf. Sie ist die Hüterin des Heiligen Grals »Was man tut und was man nicht tut«, sie ist die Erfinderin des Stils. Aber ganz tief innen drin ist sie ein süßes, spießiges Mädel vom Land, das gern auf einer Bauernhochzeit tanzt und im Gemeindeheim zusammen mit Mutti selbst Gehäkeltes für hungernde Negerkinder verkauft. Um wie viel glücklicher könnte sie leben, wenn sie sich auch in ihrer großen Stadt mal ein paar kleine Spießigkeiten erlauben würde. Und um wie viel sympathischer würde es sie machen, wenn man zwischen Hesse und Sartre vielleicht Johannes Mario Simmel oder Johanna Spyri finden würde. Oder neben Beethoven und Verdi Michael Holm. Und um wie viel mehr würde sie ein kultivierter Mann für ihre kleinen Echtheiten lieben. Aber dafür müsste sie erstmal aufhören zu lügen.

Der Gutmensch

Und dann haben wir da die 52-jährige Lehrerin. Sie ist ein bisschen übergewichtig und überzeugte Anhängerin der Friedensbewegung. Die lebenslängliche Betroffenheit ist ihr ins Gesicht gegraben und lässt sich auch mit der besten Kosmetik aus dem Bioladen nicht mehr vertuschen. Auch das Biofleisch und die Biokarotten helfen nicht, ihren Frust zu besänftigen, die frauenbewegten Bücher machen sie tagtäglich wütender.

Nur das Bewusstsein, ein Gutmensch zu sein, hält sie davon ab, ihrer Nachbarin den Mercedes zu zerkratzen. Wenn sie mit ihrem Fahrrad unterwegs ist, scheinen die Straßen leergefegt, denn sie wird nie müde, Falschparkern den rechten Weg zu weisen. Sie ist überzeugtes Mitglied der Grünen, setzt sich ein für Umweltschutz und kämpft gegen Tierquälerei. In diesem Sinne hat sie auch ihre Tochter erzogen, die ihren Job als hoffnungsvolle Jungmanagerin in einem Atomenergiekonzern zugunsten der Mutterschaft aufgegeben hat. Unsere Lehrerin fand beides nacheinander ungeheuerlich, den Job ihrer Tochter genauso wie die Tatsache, dass diese später nur Mutter sein wollte. Wofür hat sie schließlich ihr Leben lang gekämpft?

Mit ihrem Mann führt sie eine Wochenend-Ehe, da sie dieses Lehramt nun mal nicht in Frankfurt bekommen hat. Ihre Selbstverwirklichung ist komplett. Oder? Ist sie nicht die Erfinderin der Moral und der Definition von political correctness? Und dann treffen wir diese Frau ganz zufällig im Urlaub in Afrika. Anstatt gegen Rassentrennung zu wettern, rennt sie rum mit einer Blüte im Haar und einer Südseetoga, flirtet schamlos mit einem Jungen, der halb so alt ist wie sie und abends zieht sie sich die Caipirinhas rein. Dabei wird sie albern wie eine Vierzehnjährige und ihr Kleinmädchenlachen schallt, wenn sie nachts barfuß über den Strand läuft, durch die gesamte Hotelanlage. Natürlich hat sie diesen Urlaub ohne ihren Mann gemacht, Frau will ja auch mal was erleben. Prima.

Stell dir also mal vor, während dieses sündigen Urlaubs lernt unsere 52-jährige Lehrerin einen tollen Mann kennen, der auf fröhliche, lebenslustige Frauen steht. Liebe Güte, stell dir den Schock vor, wenn er sie zu Hause erleben würde. Dabei könnte sie zu Hause durchaus auch ab und zu ein bisschen ausflippen, mal etwas ganz Sündiges tun, zum Beispiel mal falsch parken. Aber sobald sie zu Hause ist, steht wieder Kampf auf dem Stundenplan.

Die Mutter der Nation

Sie betüttelt alles und jeden. Bei unserer 54-jährigen Freundin kann man sich ausweinen. Sie hat drei Kinder, zwei Enkel, unzählige Freundinnen und Freunde. In ihrem Leben passieren ständig Katastrophen. Natürlich nicht mehr in ihrem eigenen, denn das läuft inzwischen in ziemlich langweiligen Bahnen. Ihr Job als Angestellte bei der BfA ist eher unaufregend und ihr Mann ist vor fünf Jahren bei einem Autounfall ums Leben gekommen.

In ihrer großen Wohnküche treffen sich regelmäßig die Familie, die Freunde, die Freunde der Familie und die Freunde der Freunde. Und lassen die Katastrophen bei ihr. Unsere Freundin kocht Eintopf, heilt gebrochene Herzen und gebrochene Pfoten aller möglichen Vierbeiner, flickt überzogene Bankkonten und gebrochene Beziehungen und macht sich bereits im April auf die Suche nach passenden Weihnachtsgeschenken. Wenn sie Zeitung liest, dann findet sie für jeden den passenden Artikel, schneidet ihn aus und archiviert die Artikel, damit sie beim nächsten Besuch darauf zurückgreifen kann. Oder sie schreibt schnell einen netten kleinen Brief: »Schau mal, was ich gerade gefunden habe.«

Zwischendurch pflegt sie per E-Mail ihre Freundschaften, man findet ihre trostreichen Botschaften oft noch mitten in der Nacht im Netz. Wenn unsere Freundin eingeladen ist, was eher selten vorkommt, dann backt sie vorher einen Apfelkuchen und nimmt noch ein Glas von den wundervollen Oliven mit, die sie neulich bei Aldi gefunden hat. Das Leben jenseits ihrer Arbeit spielt sich in ihrer Küche ab und zwar das gesamte Unglück dieser Welt. Auf die meist nicht ehrlich gemeinte Frage, wie es ihr denn gehe, antwortet sie mit penetranter Ruhe: »Ich bin zufrieden.« Wirklich?

Nun stellen wir uns mal vor, diese liebenswerte Frau findet zufällig bei Aldi oder im Büro gegenüber einen netten Mann. Ich sehe dich jetzt lächeln. Der hätte den Himmel auf Erden, gell? Nee, hätte er nicht. Denn sie würde ihn nicht finden, bei all der Arbeit, die sie hat. Sie hätte einfach keine Zeit für einen netten Mann; wetten, dass es schon zur ersten Verabredung nicht kommt, weil ihre Enkelin Röteln hat und ihre Tochter zum Batikkurs muss. Beim zweiten Versuch muss sie wieder passen. Ihre Freundin hat einen kleinen Autounfall gehabt und deren Katze muss dringend zum Tierarzt, also da muss sie doch schnell mal helfen...

Bist du sicher, dass es einen dritten Versuch geben würde? Diese herzensgute Frau hat leider für alles ein Herz, nur nicht für sich selbst.

Was soll der von mir denken?

Marion ist verzweifelt. Wirklich. Jetzt hat sie endlich einen netten Mann kennen gelernt. Hat ihn nach einer Veranstaltung nach Hause gefahren, ein Glas Champagner mit ihm getrunken, seine Visitenkarte eingesteckt und ist gegangen. (Schön blöd, Baby.) Und jetzt ruft er nicht an. Sie wartet schon eine Woche. Was sie denn bloß tun soll, fragt sie mich.

Marion ist nicht dreiundzwanzig, sondern einundfünfzig. Eine attraktive, schlanke Frau, mit wundervollen, braunen Mandelaugen. »Ruf ihn an«, sag' ich, »du hast doch seine Visitenkarte.« Also, nein, das könne sie doch wohl nicht machen. Denn schließlich, was soll er von ihr denken? Er hat gesagt, sie sollten mal zusammen essen gehen. Warum er denn jetzt zum Teufel nicht anruft.

»Ruf ihn an«, empfehle ich nochmals nachdrücklich. »Nee, denn wenn er wirklich Interesse hat, dann verprelle ich ihn. Oder er sagt gleich nein, und dann habe ich alles verloren.« »Meine Güte«, gebe ich zu bedenken, »dann weißt du wenigstens, woran du bist«. Kurzum, Marion traut sich nicht.

Also empfehle ich die Briefform. So was wie eine Karte, auf der steht:

- ❑ Ich esse gern Italienisch
- ❑ Ich bevorzuge Spanisch
- ❑ Ich stehe auf Französisch
- ❑ Ich liebe deutsche Hausmannskost
- ❑ Ich brauche Haute Cuisine
- ❑ Egal was, ich möchte mit dir essen gehen
- ❑ Mir schmeckt alles, aber bitte alleine

❑ Wozu essen, wir können gleich zum Wesentlichen kommen

Bitte ankreuzen und ausgefüllt zurück an Marion.

Also, das sei ja nun wohl das Letzte, meint meine Freundin Marion. Was soll der denn von mir denken. Auch gut, sprach Monika, eine andere Freundin, und schlägt eine eher unverbindliche Karte vor, in Form von:

»Es war ein bemerkenswerter Abend mit dir. Ich hoffe, du hast gut geschlafen. Auf bald, Marion.«

Nein, meiner lieben Marion ist nicht zu helfen. Sie wartet immer noch auf den Rückruf des netten, offensichtlich allein lebenden Mannes. Wahrscheinlich traut sich dieser nicht, weil er nicht weiß, was sie von ihm denkt. Wo sie so überstürzt seine Wohnung nach einem eindeutigen Champagner verlassen hat. Männer sind viel schüchterner als wir Frauen denken. Also nur Mut, Mädels, andere Weiber sind schlauer.

12. Traumfrau mit fünfzig

Die Motive der Männer

»Das, was die Frauen wollen, können wir ihnen nicht geben.« Das sagt ein Mann, den die Frauen lieben. Die sich immer wieder bei ihm ausheulen, Zuflucht suchen an seiner breiten Schulter, Zuspruch für ihre verletzte Seele. Aber die Frage, die sie ihm immer wieder stellen, diese eine, die ihnen allerwichtigste Frage, kann er nicht beantworten: »Warum tut er das?« Er nennt es die Standardfrage der alten Jungfer.

Frau, so scheint es, will immer verstehen, wie ein Mann funktioniert. Um ihm dann (Anmerkung der Redaktion) seine Missetaten verzeihen zu können. Und weil Frau so ist, denkt sie, der Mann sei genauso. Deshalb legt sie ihm ihre Seele breitwürfig zu Füßen. Mit Erfolg. Denn er wird auf ihr rumtrampeln, wie der berühmte Elefant in der Meißner Porzellanmanufaktur.

Was also will der Mann? Was sind seine Motive? Warum verlässt er die eine Frau und sucht sich eine andere? Warum verletzt und enttäuscht er die eine und macht die andere glücklich?

So viel steht fest: Deine Seele will er nicht. Die nimmt er bestenfalls in Kauf. Das, was er wirklich will, ist seine Traumfrau. Da er Seele nicht anfassen kann, kommt die in seinen Träumen nicht vor. Seele ist unsexy, merk's dir.

Die Traumfrau

»Wenn du eine Frau verstehst, liebst du sie nicht mehr.« Ich kann dich beruhigen, liebe Schwester, wirklich verstehen wird er dich sowieso nie, dazu ist die Gattung Mann schlicht nicht in der Lage.

Ich gebe dir ein Beispiel. Mein Mann kommt begeistert nach Hause und erzählt, der hochstellbare Küchenhocker, den wir so lange gesucht haben, den gäbe es jetzt in Profiqualität bei Aldi für 16,90 Euro. »Toll«, lobe ich ihn für seinen Fund und stelle die mir einzig logisch erscheinende Frage: »Welche Farbe hat er?« Mein Liebling wird käseweiß. Fassungslos starrt er mich an. »Wie bitte? Welche Farbe? Also, äh, ich weiß nicht. Auf die Farbe habe ich, also äh, überhaupt nicht geachtet. Die ist doch wohl, äh, also, die ist doch unwichtig, oder?«

Nun gebe ich zwar zu, dass mein Liebling ein bisschen farbenblind ist (was ich zum ersten Mal merkte, als er mir von meinem gelben Negligé vorschwärmte, das eindeutig rosa war). Aber das bewegt sich halt im Grün-rot-Bereich, also Farbtönen, die für unsere grau-blaue Küche so gar nicht in Frage kommen. Kopfschüttelnd verlässt mein Liebling die Küche, schlägt sich mit der Hand vor die Stirn und murmelt: »Frauen soll man verstehen. Da finde ich endlich einen abwaschbaren, pneumatisch höhenverstellbaren, ergonomisch geformten Küchenhocker und ich dachte, du freust dich.«

Du siehst, liebe Leserin, die Gefahr, dass Mann dich versteht, ist also nicht gegeben, deshalb können wir diesen Aspekt der Traumfrau ganz schnell wieder vergessen.

Ein wirklich nicht zu vernachlässigender Aspekt ist, dass Mann einfach stolz auf dich sein will. Das kann verschiedene Anlässe haben und kommt ganz sicher auf den Umkreis des Angebeteten, sprich auf seine Werte, an. Wenn du es mit einem Mann zu tun hast, der keine Werte hat, dann hast du heute wahrscheinlich keine Chance mehr bei ihm. Denn diese Männer suchen sich, so sie genügend Geld haben, junge, knackige Pin-Up-Girls, damit ihnen der Neid der anderen Männer gewiss ist.

Das heißt, um herauszubekommen, womit du einen Mann beeindrucken kannst, solltest du dir a) seine Freunde und b) seine Mutter anschauen. Wenn letztere schon das Zeitliche gesegnet hat, musst du ihn schnellstens über ihre Vorstellungen und Ideale interviewen.

Also, wenn der Kerl auf Bildung steht, dann krame bei jeder passenden Gelegenheit in deinen Ganglien oder deiner Zitatensammlung. Er wird es hinreißend finden, wenn du vor seinen Freunden einen 1A Rilke hinlegst.

Wenn er auf Stärke steht, dann spiele bloß nicht die Hilflose. Du kannst ruhig ein bisschen dabei übertreiben, wie du, praktisch veranlagt wie du bist, den Reifen auf dieser dunklen Landstraße gewechselt, den Wagenheber gegen den Landstreicher, der dich belästigt hat, erhoben und es trotzdem noch geschafft hast, diesen superleckeren Wirsingstrudel zu backen. Er wird dich anbeten, ich schwör's. Und am nächsten Tag seinen staunenden Freunden vorschwärmen, was für eine tolle Frau er hat.

Wenn er auf den musischen Typ steht, dann solltest du umgehend einen Konzertführer mit beiliegender CD kaufen, ein paar Museumsführungen mitmachen und am besten Lesungen in deinem Wohnzimmer abhalten. Ein paar junge Schreiberlinge, die dich umschwärmen, werden ihn stolz machen.

Er steht auf weltgewandt? Na, dazu dürfte dir doch

eine ganze Menge einfallen. Die Anekdote, wie du damals in Hongkong mit dem irischen Botschafter... Glaub mir, er wird sie morgen früh genüsslich seiner Sekretärin erzählen.

Vielleicht liebt er es mütterlich. Auch gut. Backe ihm einen Kuchen mit sechsundfünfzig Kerzen zum Geburtstag, bügle seine Unterhosen (die Putzfrau knüllt die immer so in die Schublade) und reibe ihm die Füße mit Franzbrandwein ein.

Oder er ist der Typ des ewigen Retters. Nichts einfacher, als diesen Mann zu faszinieren. Du brauchst nur von einer Katastrophe in die nächste zu schleudern und ihn um Hilfe zu bitten. Etwa so: Du stehst im Supermarkt und hast viel zu viel eingekauft. Dein Auto ist in der Werkstatt, also musst du das Zeug nach Hause schleppen. An der Kasse fummelst du das Handy heraus und rufst ihn an. Natürlich weißt du ganz genau, dass er gerade in einer wichtigen Sitzung ist. Du könntest ebenso gut ein Taxi anrufen. Das ginge sowieso schneller, aber gönn' ihm doch die Freude. Er wird die Sitzung flugs beenden und wie Tarzan im Dschungel die Liane satteln, um dich mitsamt den vierzehn Tüten eine halbe Stunde später vom Supermarkt abzuholen. So einfach ist das, diesen wunderbaren Mann zu faszinieren. Was bedeuten da schon dreißig Minuten frieren?

Er betet Kreativität an. Vergiss alles, was ich dir in Kapitel vier erzählt habe. Kleide dich in Schwarz. Binde dir eine Kette um den Hals, an der jeden Tag etwas anderes hängt. Zum Beispiel ein Kaffeelöffel, eine Rolle Tesafilm, ein Minirechner. Dekoriere den Frühstückstisch mit den abartigsten Sachen. Ein Sack hübsch gestapelter Kartoffeln neben seinem Frühstücksei wird ihm das Gefühl geben, dass du einzigartig bist. Er braucht gesellschaftliche Anerkennung. Namedropping ist gut, aber du kannst das noch toppen. Also, sagen wir mal, du bist zu einem DaimlerChrysler-Empfang eingeladen. Das müsstest du ihm dann so verkaufen: Liebling, ich kann am Dienstag nicht, Jürgen Schrempp will mich unbedingt sehen.

Du meinst jetzt, diese Ratschläge taugen alle nichts? Irrtum, sie taugen eine ganze Menge. Ich werde dir ein Geheimnis verraten. Da Mann qua Erziehung nun einmal zu bekommen hat, was er will, kalkuliert er nicht ein, dass er, dessen Urteil immer glasklar ist, eine Mogelpackung bekommen hat. Und wenn du ihn erst einmal fasziniert hast, dann wird er sich ziemlich lange, vielleicht für den Rest seines Lebens, vormachen, dass du genau das bist, was er geglaubt hat. »Jeder Mann idealisiert seine Frau, sonst hält er sie nicht aus.«

Das ist das Einzige, worin sie uns ziemlich ähnlich sind.

Wie sag ich's meinem Mann?

Entsinnst du dich noch, wie es war, als du – sagen wir mal – zwölf warst. Also, ich habe alle vier Wochen nicht an der Turnstunde teilgenommen und mit den Mädels, die »es« schon hatten, auf dem Balken gesessen und zugeschaut. Ich fühlte mich dort wie in einem Zirkel der Auserwählten, obwohl ich »es« natürlich noch gar nicht hatte. Aber lieber hätte ich mir drei Tadel und einmal sitzen bleiben eingefangen, als das zuzugeben. Und ich schätze mal, dass von den sechs Mädels, die da saßen, mindestens vier »es« auch noch nicht hatten.

Genauso war es mit dem Sex. Was haben wir uns mit

fünfzehn erzählt, wie toll es war. Meine Lebenserfahrung sagt mir, dass alles erstunken und erlogen war, nicht nur bei mir, sondern auch bei meinen mitpubertierenden Freundinnen. Da wurden sogar Schwangerschaften erfunden, obwohl ich heute schwören würde, dass damals keine von uns über ein verschämtes Petting hinausgekommen war.

Und jetzt? Haben wir »es« natürlich immer noch regelmäßig. Ich komme mir vor wie auf dem Balken damals in der Turnhalle, der Duft des Gummibodens weht durch meine Gespräche mit Freundinnen.

Neulich habe ich im Fernsehen eine Talkshow mit den Missfits gesehen, die wirklich zu dem Komischsten gehören, was das deutsche Fernsehen zu bieten hat. Die beiden sind eindeutig in unserem Alter und haben Haare auf den Zähnen und Humor bis in die Fußspitzen. Auf die Frage des Moderators, ob sie denn und überhaupt, also Wechseljahre, verfinsterten sich die Mienen der beiden von mir sonst so geschätzten Komödiantinnen. Nein, so was hätten sie noch nicht, darüber könnten sie nun so gar nichts sagen, käme später.

Nun ja, man sieht immer den Splitter in den Augen der anderen, aber nicht den eigenen Balken, womit wir wieder bei der Turnstunde wären.

Wir haben unser ganzes Leben lang uns selbst und der Welt in Bezug auf unsere sexuellen Funktionen etwas vorgemacht. Von den Legionen von Liebhabern, denen wir stöhnend, zwar nicht im Imbiss wie Sally ihrem Harry, aber immerhin bühnenreif Orgasmen vorgespielt haben, ganz zu schweigen.

Logo spielen wir das Spielchen weiter, denn was Gretel nicht lernt, lernt Greta nimmermehr. Wir rennen also durch die Welt, als ob nichts wäre und lassen den Rest der Welt im Glauben, dass mit uns alles in Ordnung sei. Der Rest der Welt, angefangen bei dem eigenen Mann, steht nun aber mehr als hilflos daneben. Denn was soll er machen, der Ärmste? Dass seine Frau nicht so hundertprozentig sauber tickt, hat er bereits gemerkt. Woran das liegen könnte, darüber macht er sich seit einiger Zeit natürlich so seine Gedanken.

Am liebsten würde er mal ein Gespräch mit dir darüber führen. Aber davor hat er mehr Angst als du. Und das hat einen ganz einfachen Grund. Er entsinnt sich nämlich noch ziemlich genau an die schmerzlichen Diskussionen, die er regelmäßig alle vier Wochen mit dir führen durfte. Die klangen etwa so:

»Mhm, das riecht aber gut hier.«

»Es riecht angebrannt. Weil du schon wieder getrödelt hast, ist alles angebrannt.«

»Ich bin sofort gekommen, als du gerufen hast.«

»Ich habe nicht gerufen, ich habe geschrien, weil ich mir die Pfoten verbrannt habe.«

»Schätzchen, warum lässt du mich das nicht machen?«

»Hältst du mich für zu blöd, einen Auflauf aus dem Ofen zu holen?«

»Ich wollte dir doch nur helfen.«

»Wenn du mir helfen wolltest, dann hättest du früher kommen müssen.«

»Sag mal, kriegst du deine Tage?«

»Das glaube ich jetzt nicht. Du kommst zu spät, der Auflauf ist angebrannt, ich habe mir die Pfoten versengt und jetzt bin ich an allem schuld, weil ich meine Tage krie- ge oder was?«

»Du bist so gereizt heute.«

»Ich bin nicht gereizt, sondern das Abendessen ist verdorben und mein Finger tut weh. Das hat nix mit prämenstruellem Syndrom zu tun, verdammt.«

Mann setzt sich und mampft still und ergeben die äußerst leckeren Nudeln in sich hinein.

»Schmeckt super.«

»Lügner, es schmeckt verbrannt.«

»Mir schmeckt es aber.«

»Sag mal, willst du mich auf den Arm nehmen? Wenn dir das schmeckt, dann kann es nicht weit her sein mit deinem Geschmack.«

»Komm, Schatz, es hat heute wohl keinen Zweck, mit dir zu streiten.«

»Was soll das heißen, es hat keinen Zweck? Außerdem streite ich gar nicht. Ich will nur mal wissen, wieso dir ausgerechnet verbrannte Nudeln schmecken.«

»Du es gibt jetzt einen tollen Spielfilm im Fernsehen.«

»Geh doch zu deinem blöden Film, kannst mich ja ruhig mit diesen verbrannten Nudeln alleine lassen!«

»Wenn du deine Tage kriegst, kann man nicht mit dir reden.«

»Typisch Mann, alles wird auf die Hormone geschoben. Dabei seid ihr so was von Schwanz gesteuert.«

Mann geht wortlos fernsehen, Frau sitzt über den Nudeln und heult.

So oder ähnlich spielten sich die Tage vor den Tagen in den meisten Familien ab. Und das ist seine Erfahrung, wenn es darum geht, mit seinem Weib das Thema »hormonelle Schwankungen« zu erörtern. Frau geht bei dem Thema auf die Barrikaden. Und jetzt? Hilf ihm, damit er dir helfen kann.

Den Stier bei den Hörnern packen und offen sagen, was los ist? Man muss ihm ja nicht gleich sagen, dass das noch gut zehn Jahre so weitergehen kann. Männer lieben nun mal humorvolle Frauen. Frag ihn doch mal, ob er sich auch vorstellen kann, ohne prämenstruelles Syndrom mit dir zu leben. Und dann gib es ihm häppchenweise, damit er nicht die volle Panik kriegt.

Vor allem müssen wir natürlich lernen zu sagen: »Hör mal, es geht mir heute wirklich dreckig. Ich habe Komplexe, bin schlecht drauf und alles fällt mir aus der Hand. Das sind wohl Hormonstörungen. Ich will in den Arm.«

Das hört sich so einfach an. Dabei hätten wir rund fünfunddreißig Jahre Zeit gehabt, es zu üben. Okay, lass uns anfangen, endlich erwachsen damit umzugehen. Eine andere Chance haben wir nämlich nicht.

Den Stier bei den Hörnern packen

Erwachsen miteinander umgehen. Leichter gesagt als getan. Aber ist es nicht so, dass wir in den Wechseljahren unseren Standort neu bestimmen? Wozu sollten die endlosen schlaflosen Nächte, die Depressionen und Wutanfälle sonst gut sein? Wir überprüfen das, was wir erreicht haben und überlegen, was wir noch erreichen wollen. Und genau das dürfte der richtige Ansatz für ein Gespräch mit dem Liebsten sein. Denn wenn du nicht aufpasst, dann galoppierst du ihm einfach davon. Während er dich immer noch dort wähnt, wo er gewohnt war, dich zu finden, bist du schon in einer Staubwolke verschwunden. Das ist der Tod jeder Beziehung und wir sollten anfangen, uns klar zu machen, dass die Wechseljahre auch einen Wechsel in der

Beziehung zum Mann mit sich bringen. Von der sexuellen Beziehung zur sozialen Beziehung, was nicht heißt, dass ihr jetzt keine dirty moments mehr miteinander verbringt. Aber die soziale Komponente der Beziehung wird einfach wichtiger.

Haben wir noch die gleichen Interessen, marschieren wir in die gleiche Richtung? Oder haben sich da, zugemüllt vom täglichen Kampf, das Leben auf die Reihe zu bringen, solche Gräben aufgetan, dass sie nur noch mit Mühe zu überbrücken sind?

Wenn wir also unserer besseren Hälfte schon zumuten, sich in ein so leidiges Gespräch verwickeln zu lassen, dann sollten wir uns vorher genau überlegen, was wir wirklich wollen.

Schauen wir uns mal zum Beispiel Regine und Georg an. Die beiden haben zwei Kinder, die in einer anderen Stadt studieren. Georg freut sich auf ein ruhigeres Leben und die finanziellen Belastungen, die die beiden Studenten immer noch mit sich bringen, dürften auch bald der Vergangenheit angehören. Er träumt davon, endlich den Segelschein zu machen und mit seiner Frau wunderschöne Tage auf einem Boot zu verbringen, das er nun endlich kaufen kann.

Regine hat seit fünf Jahren einen Job als Sekretärin bei einem Immobilienmakler. Da sie sowieso das meiste der Arbeit macht und verkaufen ihr im Blut liegt, träumt sie davon, sich als Maklerin selbstständig zu machen. Dafür brauchte sie natürlich Geld. Seit einiger Zeit schreibt sie Kurzgeschichten und hat auch schon die ein oder andere verkauft. Am liebsten möchte sie an den Wochenenden nichts anderes tun, als vor ihrem Computer sitzen und neue Welten erfinden. Weder von ihrem Traum, sich selbstständig zu machen, noch von der tiefen Befriedigung, die Regine im Schreiben findet, ahnt Georg etwas. Für Georg ist klar, dass sie sich bald ihren alten, großen Traum vom Shippern erfüllen werden.

Nicht, dass die beiden nicht miteinander reden: Sie quatschen jeden Tag über das, was war und das, was morgen sein wird. Nur um das Thema Träume und ihre Erfüllung machen beide einen weiten Bogen.

Er, weil er nicht mal im Ansatz auf den Gedanken kommt, dass Regine überhaupt keine Lust hat, das ganze Wochenende unterwegs zu sein und stattdessen Karrieregelüste verspürt. Sie, weil sie den gemeinsamen Traum vom Boot längst vergessen hat, lag er doch in den vergangenen fünfundzwanzig Jahren außerhalb ihrer finanziellen Reichweite.

Was sehen wir da? Einen grandiosen Interessenkonflikt. Und der hat wirklich nur ganz partiell etwas mit der hormonellen Umstellung der Frau in den Wechseljahren zu tun.

Wie könnte die Geschichte weitergehen? Georg gibt den Traum vom Boot zugunsten der Selbstständigkeit seiner Frau auf und leidet für den Rest seines Lebens unter seinem unerfüllten Jugendtraum. Regine gibt nach, arbeitet weiterhin beim Makler und wird sich bis an das Ende ihrer Tage fragen, ob sie nicht die ganz große Chance verpasst hat. Außerdem sitzt sie ständig schlecht gelaunt auf dem »blöden Boot« und fragt sich, ob ihr nicht gerade eine preisverdächtige Kurzgeschichte flöten geht. Oder beide geben ihre Träume auf und suchen sich gemeinsam einen neuen. Oder sie finden sich beide damit ab, dass sie die Wochenenden eben nicht mehr gemeinsam verbringen werden und nehmen einen Kredit auf, der ihnen beiden weiterhilft. Nun, ich bin sicher, Regine und

Georg werden zu einem Ergebnis kommen. Aber nur, wenn sie darüber reden und der eine nicht in seinem Lehnstuhl in Gedanken Bootskataloge wälzt und der andere im blauen Licht des Bildschirmschoners von der großen Karriere träumt. Denn wenn sie so weitermachen, dann wird Georg sein Herz an eine Segelschülerin hängen und Regine sich in den jungen Literaten, den sie im Internet kennen gelernt hat, verlieben.

Indianer kennen keinen Schmerz

Natürlich erleben auch Männer Wechseljahre. Aber Indianer kennen nun mal keinen Schmerz, darauf werden Männer schon als Babys getrimmt. Deshalb bemerken sie einfach nicht, dass sie in den Wechseljahren sind, denn so etwas Einschneidendes wie eine letzte Blutung entfällt. Die gesundheitlichen Störungen, die Männer in den Wechseljahren haben, werden als Kleinigkeiten ignoriert und auf zu viel Arbeit geschoben. Gesicherte Zahlen gibt es nicht, denn Mann geht nun mal nur unter Androhung von Liebesentzug, Nahrungsverweigerung und Prügel zum Arzt. Welcher normale Mann wird schon freiwillig zugeben, dass so erschreckende Symptome wie Müdigkeit, Lustlosigkeit oder Schweißausbrüche, Kopfschmerzen, Nervosität und Konzentrationsstörungen ihm signalisieren, dass er jetzt ebenfalls »dran« ist?

Bei Männern nennt man das Andropause und die für sie schlimmste aller Auswirkungen, nämlich das Nachlassen der Libido, schieben sie lieber auf die nachlassende Attraktivität ihrer Partnerin als auf ihren Testosteronhaushalt.

Die Sexualhormone des Mannes, auch Androgene genannt, sinken ab dem vierzigsten Lebensjahr jährlich um etwa ein bis zwei Prozent. Also suchen sie sich den Kick bei einer jungen Geliebten und wenn es da nicht klappt, dann schieben sie es auf ihr schlechtes Gewissen. Die Verdrängungsmechanismen von Männern funktionieren nun mal wie geschmiert.

Sag' mir, wo die Männer sind

Mit zunehmendem Alter fragt Frau sich, wo sie denn geblieben sind, die tollen Exemplare der Gattung Mann. Tagtäglich treffen wir sie in unserem Job: gut aussehende, charmante, kompetente und ab und zu sogar humorvolle Männer. Wenn Frau alleine ist, trägt sie am Wochenende Trauer – plötzlich scheinen sich alle tollen Männer dieser Welt zu verkriechen. Nein, nein, sichtbar sind sie schon, aber nicht greifbar. Jeder halbwegs akzeptable Mann scheint gebunden zu sein. Am Wochenende tritt Mann als Paar auf und die allein stehende Frau darf zusehen.

Früher war das anders: Kaum wurde es Freitagnachmittag, da stiegen die Hormone ins Unermessliche. Ein langes Flirtwochenende stand bevor: Freitagabend in die Lieblingsbar, mal sehen, was sich ergibt. Wenn sich nichts ergab, war es trotzdem ein netter Abend mit einer Freundin. Samstagmorgen war Markttag, danach trafen sich alle Singles dieser Welt in den umliegenden Cafés, hier wurden dann die Dates für den Abend gemacht. Na und Sonntagmorgen: Nach einem ausgedehnten Frühstück mit dem Samstagabendlover ging es raus zum romantischen

Spaziergang ins Grüne. Bei Regen blieb man eben, wo man war: im Bett.

Und jetzt? Du wartest bereits am Mittwoch darauf, dass es endlich Freitag wird, denn du bist müde und freust dich auf ein schönes, faules Wochenende. Solltest du beschließen, in eine Bar zu gehen, um den Markt zu testen, nimm' am besten zwei Freundinnen mit, denn eine allein wird dir kaum über die Depression hinweghelfen. Die Kerle in den Bars scheinen immer jünger zu werden. Da stehen sie rum, geschniegelt und gebügelt, glatt wie ein Kinderpopo und würdigen dich, wenn überhaupt, nur eines mitleidigen Blickes. Spar dir die schöne Zeit, zieh' die Strapse wieder aus und gönn' dir zu Hause ein gutes Buch. Das tut deiner Schönheit, deiner Seele und deiner Gesundheit allemal besser, als dich in einer In-Bar am Caipirinha festzuhalten.

Natürlich gibt es auch die verschwiegenen Bars für die Dame reiferen Alters. Sie zeichnen sich durch gedämpftes Licht, sanftes Pianospiel und einen erheblichen Prozentsatz an arabischen Männern aus. Wenn du unbedingt dorthin musst, okay, nur zu, aber es kann teuer werden.

Fakt ist, dass es kaum noch Plätze gibt, wo Menschen über vierzig sich treffen können. Diesen Umstand kann man bedauern oder selber eine Bar für Leute über vierzig aufmachen. Allerdings wirst du damit nicht sehr viel Erfolg haben. Ich stelle die These auf, dass es für Menschen über vierzig keine In-Plätze gibt, weil Menschen über vierzig sie nicht mehr brauchen.

Okay, du weißt, dass Bars nicht die richtige Umgebung sind, wo du deinen Charme und Humor entfalten kannst. Deshalb bist du im Tennis-, Segel- oder Golfclub. Klasse, ich wünsche dir viel Erfolg. Denn dort findest du zwei Kategorien von Männern:

1. Verheiratete Männer, die mit Gattin oder auf der Flucht vor solcher den Freuden des Sports frönen.

2. Unverheiratete Männer, die nichts anderes im Kopf haben, als den Sport, dem sie sich voll, ganz und verbissen widmen. Nach dem Sport rotten sie sich in Rudeln zusammen, um ihren Durst und ihre Angeberlust zu stillen. Aus diesen Kreisen rekrutieren sich dann die Kassen- und Jugendwarte der Vereine. Ihre liebste Freizeitbeschäftigung besteht darin, Kampagnen zur Abwahl des Clubpräsidenten zu erdenken, Sportreisen (natürlich nur für Männer) zu organisieren und mit ihren tollen Eroberungen anzugeben. Da sie keine Zeit und eigentlich auch kein Interesse an Eroberungen haben, stehst du bei diesen Männern auf absolut verlorenem Posten. Es sei denn, das Clubleben interessiert dich dermaßen, dass du es zu deinem Lebensinhalt machen willst.

Bleiben also die ollen Tricks von Zeitschriften wie *Brigitte* anno 1960: Volkshochschulkurse belegen. Wie, du hast schon alle durch? Töpfern, Kochen, Batik, Englisch für Fortgeschrittene, Italienisch für Anfänger, Aquarellmalerei und Heimatkunde? Ich wette, du hast eine Menge gelernt, es hat dir Spaß gemacht, aber einen vernünftigen Kerl hast du dabei nicht kennen gelernt. Hätte ich dir vorher sagen können. Oder hast du schon mal einen attraktiven, erwachsenen Mann gesehen, der um 18.00 Uhr im Jugend- und Freizeitheim mit Farben auf Seidentücher kleckst? Männer verwirklichen sich nun mal anders.

Und der heiße Tipp Supermarkt? Auch Banane. Denn solltest du dich am Samstagmorgen extra toll zurechtgemacht haben, um deine große Liebe im Supermarkt zu finden, wirst du gewaltig enttäuscht werden: genervte Väter mit quengelnden Babys, genervte Ehemänner, die hinter ihren Frauen hertraben, um tragen zu helfen und zerknautschte, verkaterte Junggesellen, die mit einem Sixpack und drei Dosen Bohnen an der Kasse im Stehen einschlafen, sind so ziemlich alles, was du da an Männer-Material finden wirst.

Wir stellen also fest: Es gibt eigentlich überhaupt keinen Platz, wo man aufregende Junggesellen kennen lernen kann. Ich gehe heute, hier und jetzt, mit dir eine Wette ein: Solltest du in den nächsten fünf Jahren einen neuen Lebenspartner finden, dann ist es so gut wie sicher, dass du ihn bereits kennst. Wie, du glaubst mir nicht? Ich hätte das auch nicht gedacht.

Warum in die Ferne schweifen?

Als ich meinen eigenen Mann vor vielen Jahren kennen lernte, habe ich nicht geahnt, dass dieser Mensch einmal mein Ehepartner werden sollte. Ehegesponst, der erste Auftritt: Ich kannte ihn nur vom Hörensagen, denn mein heutiger Mann ist der Geschiedene meiner besten Freundin. Und da man noch miteinander freundschaftlich verkehrte, traf man sich auf ihrer Geburtstagsparty. Mein Heutiger trat mit seiner damaligen zweiten Frau auf, es umgab die beiden eine Aura des glücklichen, frisch getrauten Ehepaares. Ich fand die beiden nett. Jahrelang hörte ich von meiner Freundin, die beiden seien das einzig glückliche Ehepaar, das sie kenne. Wir trafen uns einmal pro Jahr zum Geburtstag. Ich ging auf seine Vernissagen und irgendwann war seine Frau im Urlaub. Meine Freundin war mit mir in einem Restaurant verabredet und brachte ihn mit. Die arme Freundin. Den ganzen Abend kam sie nicht zu Wort. Denn ihr Geschiedener und ich hatten uns viel zu sagen. Klar, dachte ich, dass so einer glücklich verheiratet ist.

Zwei Jahre später war die glückliche Ehe zerbrochen. Meine Freundin betätigte sich als Kupplerin und schleppte den Verlassenen zu meiner Party. Das Schicksal hätte seinen Lauf nehmen können. Aber ich wollte nicht. Denn ich war eine ganz besonders schlaue Frau: Ich steckte den Armen in die Ecke »elend und verlassen«, verkuppelte ihn mit einem anderen Sitzengelassenen, der ihm den ganzen Abend seine verletzte Seele auskotzte. Dabei wollte dieses Prachtexemplar von Mann nur eins auf dieser Party und das war ich.

Aber ich hatte ja meinen tiefenpsychologischen Quatsch verinnerlicht, der da hieß: Du musst ihn seine Trauerarbeit leisten lassen. Er braucht eine Pause, um den Verlust zu verkraften. Und hier irrte ich mich gewaltig. Denn das Letzte, was ein allein gelassener Mann braucht, ist Zeit, um etwas zu verarbeiten. Das brauchen Frauen. Männer lecken nicht ihre Wunden, sie kennen nur ein Pflaster: Erfolg. Im Speziellen: Erfolg bei einer anderen Frau. Solltest du, liebe Leserin, also einen Frischverlassenen kennen lernen, der dir gefällt, dann greife zu – sofort. Eine zweite Chance kriegst du nicht, weil eine andere schlauer ist als du.

Wer nicht zugreift, ist selbst schuld

Nehmen wir mal Carla und Richard. Die beiden sind das wohl harmonischste, glücklichste Paar, das man sich vorstellen kann, beide sind heute über 50. Sie bilden eine Einheit, wie sie selten geworden ist, sowohl optisch als auch in ihrem Leben. Carla hat ein Figürchen, das jede Zwanzigjährige neidisch machen würde. Ihre vollen, wunderbar weich fallenden Haare trägt sie in naturgrau, was in einem entzückenden Gegensatz zu ihrer frechen Art steht. Carla ist ein wenig boshaft, aber auf eine liebevolle, lustige Art. Sie hat Charme, Humor und Lebensklugheit. Nach einer früh gescheiterten Ehe hat Carla das Leben in vollen Zügen genossen. »Manchmal habe ich zwei Lover an einem Tag gehabt«, erzählt sie und scheint dabei ein schlechtes Gewissen zu haben. Aber der richtige Mann wollte ihr nicht begegnen.

Sie wusste noch nicht, dass er ihr schon begegnet war. Ihre Freundin war mit ihm glücklich verheiratet. Als ihre Freundin nach langer Krankheit starb, hat sich Carla um ihren Ehemann gekümmert. Und dabei festgestellt, dass es genau der Mann war, auf den sie so lange gewartet hatte. Es war nicht Carlas Art, lange zu zögern. Sie hat ihr Glück an seinem schönen grauen Schopf gepackt.

Nachhilfestunde

Manchmal muss man halt ein bisschen nachhelfen. Da ist zum Beispiel Karin. Auch Karin ist eine hübsche, kluge Frau, mit Rehaugen und einer sanften, angenehmen Ausstrahlung. Mit drei kleinen Kindern, Anfang vierzig, nach einer bösen Scheidung, war es allerdings gar nicht so einfach, sich einen guten Mann zu angeln. Aber Karin hat nicht Trübsal geblasen, sondern sich für alles mögliche engagiert. Außerdem ist sie in eine Partei eingetreten und hat dort sogar auf Landesebene Karriere gemacht. Die

Nachricht schlug in der Partei ein wie eine Bombe: Der Parteivorsitzende lässt sich scheiden. »Na hör mal, da habe ich doch nicht lange gefackelt. Ich bin zu ihm hin und habe ihn gebeten, mir das Parteiprogramm mal ganz genau zu erklären.« Er hatte auch ein paar Kinder. Wenig später waren sie eine glückliche, große Familie. Gut gemacht, Karin!

Also, liebe Freundin, schau dich doch einfach mal in deinem Bekanntenkreis um. Da gibt es bestimmt Männer, die dir gefallen. Nein, ich will dir jetzt nicht flüstern, dass du sie einer anderen ausspannen sollst. Aber es ist gut, schon vorher zu wissen, was man will. Eines Tages vielleicht ist der Mann, der dir gefällt, wieder auf der Piste. Und dann schlage zu. Sofort!

Fatal attraction

Aber zurück zu mir. Ich habe mich auch dann noch geziert wie die berühmte Zicke am Strick, als mir aufging, dass mein heutiger Mann wirklich keine Trauerarbeit leisten wollte. Denn dieses Prachtexemplar war zwar genau der Mann, den ich mir immer gewünscht habe, aber er sah einfach nicht so aus, wie mein Traumprinz nun mal auszusehen hatte. Ich stand auf schwarzhaarige Männer mit glutvollen, braunen Augen, sportlich gestählt, muskulös und schlank.

Diese Gattung hatte mich bis zu diesem Zeitpunkt zwar unglücklich gemacht, aber man rückt nun mal sehr schwer von seinen schlechten Angewohnheiten ab. Dass mein blauäugiger, blonder, korpulenter Verehrer sich trotzdem zu meinem Traumprinzen entwickelte, ist letztlich nur seiner Geduld, Ausdauer, Phantasie, Intelligenz und einem gewissen angeborenen Ehrgeiz zu verdanken. Jeder Durchschnittsmann hätte sich ob meiner Zurückweisung angewidert der Nächsten zugewandt.

Geduld, Ausdauer, Phantasie, Intelligenz und Ehrgeiz aber sind die Eigenschaften, die ich eigentlich mein ganzes Leben lang bei einem Mann gesucht habe und die meinen Mann zu einem idealen Ehemann für mich machen.

Und damit kommen wir zum nächsten Punkt: Ab vierzig sollte man einfach mal genauer hinschauen. Denn zum glücklichen Leben mit einem Mann gehört ein bisschen mehr als nur Erotik. Wenn du ehrlich bist, weißt du, dass die Kerle, bei denen es dir überall kribbelt, einfach nicht zu dir passen.

Das Schaf

Es gibt eine Menge Frauen, die auf körperliche Stärke stehen. Selbst gebildet, intelligent, sensibel und feingeistig, fühlen sie sich von Männern angezogen, die männlich wirken. Darunter verstehen sie dann all' die Klischees, die aus Männern Kotzbrocken werden lassen. Das Machogehabe, das sie anfangs so erotisch fanden, erstickt ihr sensibles Seelchen.

Da ist zum Beispiel Britta. Britta ist ein Weib, so richtig zum lieb haben und genau das will sie auch: lieb gehabt werden. Zierlich, bildhübsch und blitzgescheit, frech, mit einer Riesenschnauze und einer Riesenportion Humor ist sie seit Jahren auf der Suche nach dem falschen Mann. Britta hat schwer kämpfen müssen, um in der Werbebranche Karriere zu machen. Sie entstammt dem Arbeitermilieu, mit einem Vater, der der Klischeevorstellung des Proleten entspricht.

Nach dem Abitur hat Britta eine Ausbildung gemacht und sich in ihrem Verhalten und Aussehen dem Milieu der schicken, kreativen Szene angepasst. Mit Britta kann man sich sehen lassen. Nur die Männer, die sie abschleppt, mit denen kann sie sich nicht sehen lassen. Denn Britta steht auf den Typ Mann, der später einmal so aussehen wird wie ihr Vater: ein bisschen ordinär, ein bisschen brutal, ein bisschen geistlos. Dabei hat sie zwei Jahrzehnte gestrampelt, um genau diesem Milieu zu entkommen.

Jedes Jahr an ihrem Geburtstag kommt es zur Katastrophe: Während die entzückende Britta alle nur erdenklichen Anstrengungen übernimmt, den Liebsten zum Geburtstag mit Überraschungen und Geschenken zu verwöhnen, wird ihr Geburtstag, wenn überhaupt, nur mit einem billigen Parfüm gewürdigt. Das ist jedes Mal das Aus ihrer Beziehungen. Sie heult, tobt, schmeißt das Parfüm aus dem Fenster und beim nächsten Kerl fängt wieder alles von vorne an.

Frauen haben da einen merkwürdigen Hang zum Fatalen. Sie kennen durchaus ernst zu nehmende Bewerber, die sie glücklich machen würden, nehmen diese Bewerber aber nicht zur Kenntnis, weil sie nicht ihrem Beuteschema entsprechen. Denn sie orientieren sich fatalerweise immer in die falsche Richtung.

Manchmal läuft dabei allerdings zum Glück einiges schief.

Das Schaf im Wolfspelz

Da ist zum Beispiel Gabi. Gabi ist eine aufregende, interessante Frau Mitte vierzig, deren wogender Busen Männern reihenweise den Atem raubt. Gabi hat promoviert, leitet eine mittelständische Firma, liebt die Macht und Männer mit Macht. Eigentlich braucht sie keinen erfolgreichen Mann, denn Gabi ist selbst super erfolgreich. Nach mehreren festen Beziehungen mit eher schrägen Vögeln hat sie nun verheiratete Lover, die sie mangels Zeit auch aus ihrem beruflichen Umfeld rekrutiert.

Irgendwann wird Gabi immer hübscher. Sie ist gut drauf, locker, fröhlich. Ganz klar, Gabi hat eine glückliche Beziehung, munkeln ihre Angestellten. Gabi hat tatsächlich einen Lover, wie immer verheiratet, wie immer ein einflussreicher Mann. Allerdings wohnt seine Frau in einer anderen Stadt. Er hat also Zeit für sie.

Sie fahren zusammen in den Urlaub, sie unternehmen viel gemeinsam. »Stell dir vor«, gesteht Gabi, »gestern, als es geregnet hat, da hat er mich mit dem Schirm von der Tür abgeholt und zum Auto begleitet. Und ich habe geheult wie ein kleines Kind.« Gabi war es nicht gewohnt, dass sich einer um sie kümmert, dass sie behandelt wird wie eine schwache, schutzbedürftige Frau.

Wenige Wochen später ist Gabi gar nicht mehr so begeistert. Denn er steht auf alles, was Gabi ablehnt. Gardinen vor den Fenstern, Feinripp-Unterwäsche, einen gemütlichen Abend vor dem Fernseher mit Puschen an den Füßen. Sie zählt die unerträglichen Spießigkeiten ihres Loves auf und sieht dabei trotzdem so glücklich aus, wie ein Kind mit Lutscher.

Das ändert sich erst, als ihr einflussreicher Lover mit

überraschend sensibler Seele seinen Job hinwirft, weil er meint, für das, was er dort tut, nicht mehr die Verantwortung übernehmen zu können. Gabi zieht sich zurück. Ohne Macht kein Sex. Seitdem habe ich sie nie wieder so glücklich, so schön, so befreit erlebt wie zu der Zeit, als sie sich noch über Puschen ereiferte.

Die Wölfin im Schafspelz

Natürlich gibt es auch das genaue Gegenteil, nämlich Frauen, die sich instinktiv das suchen, was sie wirklich brauchen. Da ist zum Beispiel Rita: Rita ist das unglaublichste Stück Weib, das man sich vorstellen kann. Sie strahlt eine Art von Humor, Fröhlichkeit und Souveränität aus, die sehr selten ist. Und sie liebt Männer, wirklich. Vielleicht ist das das ganze Geheimnis ihrer ungeheuren Anziehungskraft auf Männer: »Sind die nicht süß, sie sind so hilflos.«

Rita arbeitet als Chefsekretärin und wenn es eine geborene Chefsekretärin gibt, dann ist das Rita. Sie ist die rechte und linke Hand ihres Chefs, sie ist die rechte und linke Gehirnhälfte ihres Chefs, und sie ist das gute und schlechte Gewissen ihres Chefs, seine Mutti, seine Komplizin, seine Repräsentantin, seine geheime Abwehrwaffe. Dafür kassiert sie das Gehalt einer gehobenen Führungskraft, dafür verbringt sie die meisten Nächte und Wochenenden im Büro. Wer Rita als Sekretärin hat, der ist ein Glückspilz.

Ein noch größerer Glückspilz ist, wer Rita als Ehefrau hat. Obwohl Ehe zu Rita eigentlich nicht passt. Das erzählt sie freimütig. Von Rita stammt der sagenhafte Satz:

»Na hör mal, ich kann doch nicht mit meinem eigenen Mann ins Bett gehen.« Nein, so was tut Rita nicht. Sie vögelt sich in ihrer knapp bemessenen Freizeit quer durch ihre Fangemeinde und die ist groß. Irgendwie ist Rita ihr ganzes Leben lang auf der Suche nach dem richtigen Mann. Aber diese Suche genießt sie eingehend.

Ihre Fangemeinde besteht aus interessanten, weltgewandten und überaus erfolgreichen Männern, die ihr alles zu Füßen legen. So wie einst ihr Vater, der es mit seiner Firma zu beachtlichem Wohlstand gebracht hat.

Zuerst hat Rita sich nebenbei einen Studenten gehalten. Dem hat sie das Studium, das Auto, sein Leben finanziert. Dafür brachte er ihr zur Nachtschicht mal eine Currywurst vorbei. Als der Student endlich Erfolg hatte und mit seiner eigenen Firma viel Geld verdiente, hat sie die Beziehung beendet.

Eines Tages überraschte Rita mich mit der Ankündigung, dass sie heiraten wolle. Sie kannte den Mann ganze drei Monate und in diesen drei Monaten hat sie mir erzählt, was für ein unglaublicher Versager dieser Mann sei. Sie heiratete ihn. Zu diesem Zeitpunkt war er ein arbeitsloser Psychologe, der seine Tage lieber mit Segeln als mit Arbeiten verbrachte.

Nach der Eheschließung änderte sich einiges: Rita hatte zwar weiter ihre Lover, arbeitete weiter ihre achtzig Stunden, aber der Ehemann hörte auf zu segeln und fing an zu arbeiten. Rita hatte ein paar Bewerbungen für ihn geschrieben und aus dem arbeitslosen Psychologen wurde ein Arbeitstier. Er konnte sich kaum retten vor Patienten. Wenn er endlich Feierabend hatte, dann brachte er seiner Frau Currywurst im Büro vorbei. Später kaufte er ihr teuren Schmuck, Pelze, Lederwaren. Bald versuchte er, sie dazu zu bewegen, ihren Job aufzugeben. Und Rita suchte weiter nach dem idealen Mann.

Nach ihrer Scheidung lebte sie genauso weiter wie bisher. Ein Wochenende New York, eine Nacht in Chicago, ein Kurztrip nach Timmendorf. Dort lernte sie den nächsten Ehemann kennen. Er war Beamter (für die unkonventionelle Rita fast schon ein Schimpfwort) mit vielen Nachtschichten (für die freiheitsliebende Rita ein Segen). Also heiratete sie ihn. Kaum waren die beiden verheiratet, machte ihr Mann Pläne. Ein Altenheim kaufen und betreiben, Unternehmer werden, Geld verdienen, gemeinsam etwas aufbauen. Rita vögelte weiter mit ihrer Fangemeinde und lächelte.

Bevor ihr Mann zur Nachtschicht ging, brachte er ihr Currywurst im Büro vorbei. Fast wäre auch diese Ehe gescheitert. Denn wenn Rita einen erfolgreichen Unternehmer hätte heiraten wollen, dann hätte sie bloß einem ihrer Lover das Ja-Wort geben müssen.

Aber manchmal spielt einem das Leben einen Genie-Streich: Ihr Ehemann erkrankte und wird bis zum Ende seines Lebens arbeitsunfähig sein. Rita ist gut drauf. Natürlich wird sie ihren Ehemann nie verlassen, auch wenn sie ihn im Rollstuhl durch die Gegend fahren muss. Sie arbeitet weiter wie bisher, vögelt weiter wie bisher, aber wenn sie nach Hause kommt, dann hat sie für immer das, was sie ihr Leben lang gesucht hat: einen süßen, hilflosen Mann.

Das sind nur ein paar Beispiele dafür, dass Frauen an die Wahl ihrer Partner instinktiv herangehen, wobei die Väter offensichtlich eine entscheidende Rolle spielen. Die einen haben Glück mit ihren Instinkten, das heißt, sie suchen sich den Partner, mit dem sie auch leben können. Andere stoßen genau diesen Partner ab, weil er nicht ihrem inzwischen überholten Weltbild entspricht.

Für eine Frau zwischen vierzig und fünfzig wird es allmählich Zeit, sich ihre wirklichen Bedürfnisse klarzumachen. Also, erst denken, dann zuschlagen.

Frechheit siegt

Lisa ist eine schlanke, elegante, intelligente Frau, mit einem kühlen Charme, der sehr reizvoll wirkt. Lisa war mit einem Mann verheiratet, der sich ganz seiner Karriere in der großen weiten Welt der Werbung hingab, während Lisa nie etwas anderes wollte als Kinder. Die bekam sie von ihm und irgendwann ließ sie sich von der wundersamen Welt der Werbung scheiden.

Lisa begab sich also auf die Suche nach einem Mann und Familienleben. Nicht ganz einfach für eine Frau mit zwei Kindern. Folgerichtig fand sie ihren späteren Mann dann auch dort, wo man einen Mann mit Familiensinn zu treffen pflegt: auf dem Spielplatz. Noch während sie das erzählt, muss man lachen. Denn ihren jetzigen Mann kann man sich zwar gut auf dem Sessel des Vorstandsvorsitzenden eines Global Players vorstellen aber eher weniger auf einem Spielplatz.

Die Kinder der beiden verstanden sich gut und Lisa entschloss sich bereits am Tage ihres kennenlernens, diesen Mann zu heiraten. Nicht dass er irgendwas getan hätte, um diese Sache voranzutreiben. Er hatte ihr erzählt, dass er Banker sei, aber meistens im Ausland arbeite. Also recherchierte sie. Rief bei Banken an, bis sie wusste, wo er arbeitete. Und ging dann zum Frontalangriff über. Zum

Schluss waren es die Kinder, die die beiden zusammenführten.

Wir sehen also: Auch in mittleren Jahren kann man sich, mit ein bisschen Mut und Entschlossenheit, seinen Traummann angeln. Im Gegensatz zu früher haben jetzt neue Beziehungen eine gute Chance, lange glücklich zu bleiben. Herz und Verstand sind durch Erfahrung klüger geworden und lassen sich nicht mehr so leicht von unseren Hormonen bevormunden. Außerdem müssen wir weder Papi ärgern noch Mami oder sonstwem etwas beweisen. Also kein Grund zur Torschlusspanik.

13. Hinter dem Horizont

Mythen, Monstren, Mutationen

Ganz klar, den Charakter kann man nicht ändern. Und je älter du wirst, desto deutlicher treten deine Charakterzüge hervor. Galt deine Eigenwilligkeit mit vierzehn als pubertär, mit dreißig faszinierend, wirkt sie mit fünfundvierzig schlicht nur noch schrullig.

Warst du als Kind immer die Bandenchefin, hat man dir mit dreißig Ellenbogen und Durchsetzungsvermögen zugestanden, so wird man wahrscheinlich heute von dir sagen, dass du die Menschen mit deinem monströsen Machthunger bevormundest und zu beherrschen versuchst.

Hast du mit siebzehn leidenschaftlich über die Maobibel diskutiert, nannte man dich mit dreißig eine analytische Querdenkerin. Und heute? Einfach nur zänkisch, das Weib.

Hast du mit sechzehn statt auszugehen lieber Hermann Hesse gelesen, warst du eine jugendliche Romantikerin. Wenn du mit dreißig nach Australien auswandern wolltest, nannte man dich eine Träumerin. Ich wette, hinter deinem Rücken nennt man dich heute eine Spinnerin.

Warst du als Kind unpraktisch, so nannte man das süß. Hast du mit dreißig mit einem hilflosen Augenaufschlag alles bekommen, so war das schlau, denn du hast Beschützerinstinkte geweckt. Leider muss ich dir sagen, heute hält man dich für blöd.

Aber keine Sorge, das geht munter so weiter. Je älter du wirst, desto übler treten einzelne Charaktereigenschaften hervor. Vergiss die Mär von den weisen alten Damen, die mit Souveränität und Nettigkeit den Rest der Welt in ihren Bann ziehen. Ich habe bei meinem Krankenhausmarathon in Sachen Elternbetreuung viel zu viele zänkische, unangenehme, herrschsüchtige, neidische, schrullige, bösartige oder verblödete alte Frauen getroffen.

Aber vielleicht werden ja reizende alte Damen nicht krank. So wie meine zwei Schwiegermütter. Die verabschiedeten sich einfach aus dem Leben, als sie fanden, dass es nun reicht.

Was ist aber mit deinen nun wirklich ganz eindeutig positiven Eigenschaften? Deiner Fröhlichkeit, deinem Optimismus, deiner Lebensfreude, deiner liebevollen Hingabe, deiner Intelligenz, deiner Zärtlichkeit, deinem Humor, deiner Fähigkeit, Probleme zu lösen, deiner menschlichen Anteilnahme?

Meine Liebe, du wirst in den nächsten Jahren ganz schön zu tun haben, um diese positiven Eigenschaften zu pflegen. Damit die früher so süßen, eigenwilligen Züge nicht zu kleinen Teufeln in dir mutieren und Zank- oder Herrschlust dich vollends dominieren. Kein Mensch ist nur gut oder nur schlecht. Aber in der zweiten Hälfte unseres Erwachsenenlebens zählt allein, welche Seite bei dir siegt. Lassen wir uns nicht von unseren Teufeln besiegen! Wir sollten unsere guten Seiten genauso trainieren wie unsere Muskeln.

Die Angst überwinden

Anaphobie nennt man sie, die Angst vor der alten Frau. Alte Frauen hast du dir immer so vorgestellt wie deine Oma oder Miss Marple oder Queen Mum. Das tut auch der Rest der Welt und deshalb wird jeder protestieren, wenn du dich als alt bezeichnest. Vorsicht vor denen, die protestieren! Das sind die schlimmsten Lügner. Die halten dich nämlich nicht für alt im Sinne von Miss Marple, sondern schlicht für untragbar und peinlich.

Inzwischen bist du selbst Oma, allerdings siehst du ein bisschen anders aus, als deine eigene Omi ausgesehen hat, und natürlich bist du noch nicht in dem gnädigen Alter einer Miss Marple oder Queen Mum. Die Hälfte deines Erwachsenenlebens liegt noch vor dir (im Falle von Queen Mum sogar ein halbes Jahrhundert).

Wovor du eigentlich Angst hast, ist, so unsichtbar zu werden, wie Tante Lenchen. Die typische alte Jungfer in jeder Familie. Die war eigentlich schon mit vierzig das, wovor du heute Angst hast. Und diese Angst haben alle jungen Frauen. Angst, nicht mehr wahrgenommen zu werden, nur noch aus Mitleid eingeladen zu werden, niemals begehrt zu werden.

Ich entsinne mich noch sehr gut an einen Überseeflug vor rund fünfzehn Jahren. Neben mir saß eine sehr attraktive Frau, mit der ich mich blendend unterhalten habe.

Als sie sich zu einem Nickerchen in den Flugzeugsessel lümmelte, hatte ich Zeit, ihr Gesicht in der aufgehenden Morgensonne zu studieren. Ja, sie bekam ganz offensichtlich Falten. Und ich habe damals gedacht: ›Oh Gott, wie grausam, in diesem Alter zu sein. Das ist doch einfach peinlich, wenn jeder sieht, wie du alt wirst. Eine verwelkende Rose.‹

Nicht nur, dass mich diese Gedanken in eine tiefe Depression gestürzt haben, sie haben mir fast den Urlaub versaut. Denn dieses Alter kam unweigerlich auf mich zu.

Heute weiß ich, dass nicht diese nette Frau peinlich war. Es ist so gottverflucht peinlich, an das eigene Altern zu denken, dass man es, solange das irgend geht, einfach verdrängt. Und wenn man ihm dann ins Antlitz schaut, wird man daran erinnert, dass jeder Mensch endlich ist. Ich kann mich noch sehr gut an dieses Gefühl des tiefsten Bedauerns erinnern, das ich dieser Frau gegenüber hegte.

Ich möchte nicht wissen, wie viele junge Menschen mich inzwischen stumm bedauert haben. Wahrscheinlich die, die mir laut hinterrufen: »Hallo, junge Frau!« Warum haben wir das Gefühl, bedauert zu werden? Weil niemand uns vormacht, wie man mit Würde alt wird. Die Frauen ziehen sich einfach zurück ins stille Kämmerlein. Oder werden uns in den Medien vorgestellt als böse Schwiegermütter, alte Hexen, vertraschte, bösartige Nachbarinnen. Es gibt kein positives Bild der alternden Frau. Sie muss ja frustriert sein, die Arme, sie wird alt.

Unsere Generation ist die erste, die gut ausgebildet, ziemlich selbstständig, emanzipiert und selbstbewusst ist. Also wird es an uns sein, den Jungen zu zeigen, wie man mit Würde alt wird. Denn nur, wenn die jungen Frauen die Angst vor dem Altern verlieren, werden sie uns nicht als peinlich, sondern als göttlich empfinden. Es ist an uns, Vorbilder zu schaffen. Und Vorbilder sind außer dir selbst vielleicht deine Freundinnen, Nachbarinnen, Kolleginnen. Nicht die auf Mädcheniveau stehengebliebenen Kunstweiber, sondern Frauen wie du und ich. Allerdings werden wir das niemals schaffen, wenn wir uns ins stille Kämmerlein zurückziehen und trauern.

Vorbilder schaffen

Wir haben also festgestellt: Es hat dich keiner auf dieses Leben vorbereitet. Du hast keine Ahnung, wie du damit fertig werden sollst, dass die Männer jetzt meist durch dich hindurchschauen. Du hast keinen blassen Schimmer, wie du ohne Einsatz deiner Weiblichkeit im Leben weiterkommen sollst. Du bist verdammt noch mal einfach ohne Vorbild.

Früher wolltest du aussehen wie Mary Quandt und leben wie Marianne Faithful. Beides hat Gott sei Dank nicht geklappt. Dafür bist du mit dem, was Mutti dir so mitgegeben hat, ganz schön weit gekommen.

Und jetzt? Himmel, deine Mutter wiederholt jeden Satz zehnmal und hat Angst, vom Postboten ausgeraubt zu werden. Wenn du Glück hast. Wenn du Pech hast, erkennt sie dich nicht mehr und du wackelst trotzdem zweimal die Woche in dieses Pflegeheim mit dem penetranten Geruch. Und schon wieder taugt Mutti nicht als Vorbild. Denn da willst du nun wirklich nicht hin.

Also schaust du dich um, nach anderen Vorbildern. Baby, da kannst du lange suchen. Natürlich gibt es sie, diese unglaublichen Frauen, die mit achtundsiebzig allein durch die Sahara fahren und Heerscharen von schwulen Männern in ihren Bann ziehen. Und die weißhaarigen Politikerinnen, Verlegerinnen, Schauspielerinnen, die großen Diseusen, die dich in jeder Talkshow anspringen. Ja, die gibt es, aber wenn du ehrlich bist, so richtig als Vorbild taugen die Damen für dich nicht. Oder wie eine Lisa mir schrieb:

»Diese Vorzeigedamen aus den Illustrierten (meist kinderlos und allein stehend) tragen nicht zum gesteigerten Selbstbewusstsein einer von den Wechseljahren gebeutelten Durchschnittsfrau bei. So wie es aussieht, müssen wir uns mal wieder selber helfen – wir Frauen!«

Recht hat sie. Denn was bleibt, ist die Erkenntnis, dass du bis an dein Lebensende nur noch aus dir selbst wirst schöpfen müssen. Schöner Mist. Du wirst dir dein Vorbild selbst schaffen müssen, das Leben, das du leben willst, selbst erfinden. Und so ist die zweite Hälfte deines Erwachsenenlebens ausschließlich dein eigenes Leben. Welch' eine folgenschwere Erkenntnis.

Was Mutti uns verschwiegen hat

Warum tun wir uns eigentlich so schwer mit unserem Alter? Ich werde dir sagen, wieso: Mutti hat uns einfach nicht auf diese Zeit vorbereitet. Es sei denn, du hast dir bis zu deinem dreißigsten Lebensjahr von Mama die Wäsche waschen, die Kohlrouladen kochen und das Bett machen lassen.

Da mit so was nur in Ausnahmefällen zu rechnen ist, haben wir sozusagen ein natürliches Loch. Denn als du dich mit Indianergeheul ins pralle Leben gestürzt hast, war Mutti wahrscheinlich in unserem Alter. Und wurde plötzlich so überhaupt nicht mehr gebraucht. Weder ihre guten Ratschläge noch ihre Fürsorge (wobei Letzteres bis zum Auftauchen des ersten Lebensabschnittsgefährten ganz gern in Anspruch genommen wurde) noch ihr Vorbild. Sprich, Anschauungsunterricht gab es nicht. Deine großen Geheimnisse hast du mit deiner besten Freundin geteilt und Mami freute sich so, dich einmal im Monat verwöhnen zu dürfen, dass es ihr überhaupt nicht in den Sinn kam, mit dir über die Widrigkeiten ihres eigenen Lebens zu sprechen. Solltest du eine Tochter haben, machst du das heute wahrscheinlich genauso.

Schade eigentlich, denn es gibt so einiges, was du deiner wunderbaren Tochter mit auf den weiten Weg des Lebens als Frau geben könntest.

Ein wundervolles Leben wartet

Bisher war es einfach. Du hattest Vorbilder. Als du klein warst, waren das neben Mutti und Vati vielleicht Albert Schweitzer oder die heilige Elisabeth. Später waren es Marianne Faithful oder Mary Quandt und noch später vielleicht deine Chefin oder Barbara Becker oder Mutter Theresa. Kurzum, du brauchtest nur ein Magazin aufzuschlagen, und schon leuchteten dir die Vorbilder entgegen. Und heute? Du kannst so viele Magazine aufschlagen, wie du willst, es leuchtet dir niemand entgegen, der dir als Vorbild dienen könnte. Die Damen unseres Alters sehen darin nicht so aus, als ob sie ein Leben führen würden, das zu uns passt. Das liegt zum einen an der bereits erwähnten »Werte-Brille« aber auch daran, dass du zwar genau weißt, was du nicht willst, aber noch nicht so ganz, was genau du willst.

Es ist so, als ob du ein Kleid trägst, das dir eine Nummer zu klein ist. Du schaust in den Spiegel und stellst fest, dass es Falten wirft und aussieht wie eine Wurstpelle. Du siehst, dass es dir nicht steht, du fühlst dich unglücklich und unwohl. Also beschließt du, ein neues Kleid zu kaufen. Aber in dem Moment, in dem du vor dem Spiegel stehst, hast du noch keine genaue Vorstellung davon, was für ein Kleid du kaufen könntest. Du weißt einfach nicht, was dir eine Nummer größer steht. Und du wirst es nicht herausfinden, wenn du nicht losgehst und es ausprobierst. Vielleicht ist es nicht so einfach, ein Kleid zu finden, das genau zu dir passt, aber wer suchet, der findet. Und das ist genau die Situation, in der du dich im Moment befindest.

Also, Schwester der Sonne, auf ins Kaufhaus des Lebens. Ein wunderbares Kleid wartet irgendwo darauf, deines zu werden.

In jeder Frau steckt eine Hexe

Viele Frauen in unserem Alter ziehen sich in sich selbst zurück. Wo auch sonst sollten sie sich finden können? So manche von uns, die früher selbst zum Supermarkt um die Ecke mit dem Auto gefahren ist, macht jetzt lange, einsame Spaziergänge. Es treibt sie hinaus, bei Wind und Regen, bei Sonne und Wolken, zu den Vögeln und Käfern, zu den Bienen und den Blumen. Als ob diese unser wundes Herz heilen könnten. Das tun sie auch, glaub mir. Denn sie bringen uns zurück zu unserer Natur, wir lernen, mit der Natur in Einklang zu leben, sie in ihrer Vollkommenheit zu schätzen und zu lieben.

Das hat nichts mit den radikalen Umweltschützergedanken unserer früheren Jahre zu tun, sondern gleicht mehr einer neuen heimlichen Liebe, die unser Herz bis ins hohe Alter erfreuen wird.

Hast du schon einmal darüber nachgedacht, dir, wie alle alten Hexen, einen Gefährten zu suchen, der dich auf diesen Wegen begleitet und deine düsteren Gedanken mit seinem Temperament, seiner Anhänglichkeit und seiner Verspieltheit hinweg reißt?

Oder hast du an einen schnurrenden Gefährten für deine schlaflosen Nächte gedacht, einen, der mit dir vom Bett zum Sessel und zum Sofa zieht und dich schnurrend daran erinnert, dass du aufrichtig geliebt wirst?

Wenn du noch keine Katze oder keinen Hund hast, dann ist es an der Zeit, darüber nachzudenken, ob du deine nächsten Jahre nicht mit einem dieser wundervollen Tiere verbringen möchtest. In all den Jahren, die ich nun selbst das Licht am Ende des Tunnels suche, hatte ich immer meine zwei Katzen, die mich daran erinnert haben, dass man das Leben auch bewältigen kann, wenn man es nicht ganz so schwer nimmt. Wie oft haben wir gemeinsam im Licht des Mondes gesessen, die eine Katze auf der Armlehne, die andere zu meinen Füßen. Und wenn es ganz schlimm war, dann hat eine der beiden ihr Pfötchen auf mich gelegt, was Katzen immer dann zu tun pflegen, wenn sie sich Sorgen um einen Menschen machen (was für die Intelligenz dieser Biester spricht, denn damit schauen sie einfach nach, ob du erhöhte Temperatur hast und somit Anlass gibst, sich Sorgen zu machen). Ich habe es genossen, das weiche warme Fell auf meinen nackten Beinen zu spüren, ihr Schnurren hat mich beruhigt und auch wieder schläfrig gemacht und die Tatsache, dass es sie überhaupt gab, hat mir Kraft gegeben, mich am nächsten Morgen aufzuraffen, um das nötige Kitekat verdienen zu gehen.

Meine zwei Katzen sind mit mir alt geworden, sie haben graue Schnurrbarthaare bekommen und bewegen sich ein wenig langsamer als früher. Ihre Cholesterinwerte sind den meinen nicht ganz unähnlich, sie sind wetterfühlig und ihre Arthritis scheinen sie mit Stretching zu kurieren, aber wenn die Sonne scheint, dann flitzen sie herum wie junge Kätzchen, raufen miteinander und versuchen, Vögel und Mäuse zu fangen, was ihnen allerdings noch nie gelungen ist.

Sie sind genauso begeistert über einen schönen Tag oder ein besonderes Leckerli wie früher, und sie haben mich gelehrt, dass das Alter, wenn man sich darüber keine Gedanken macht, eine genauso gute Zeit sein kann, wie die Kindheit oder die Jugend. Dass ich die beiden vielleicht noch mehr liebe als früher, versteht sich von selbst.

Die Trauer überwinden

Bei jeder Trauer gibt es fünf Phasen. Bei einem Verlust – und der Verlust der Fruchtbarkeit ist ein tragischer Verlust – reagiert jeder Mensch gleich. Am Anfang leugnest du den Verlust. Du flirtest auf Teufel komm raus, legst noch einen Zahn zu, wenn es darum geht, besser, schneller, schöner zu sein.

Wenn du merkst, dass du damit nicht weiterkommst, wirst du wütend. Du wirst so elendig wütend, dass du jeden, der dir entgegenkommt, schlagen könntest. »Was habe ich euch getan, dass ihr mir das antut?« rufst du innerlich. Logisch suchst du nach Schuldigen, schließlich hast du als gutes Mädchen in deinem Leben gelernt, dass man allem und jedem die Schuld geben kann, wenn man kein selbstbestimmtes Leben führt. Und mit zwei Kindern, einem Ehemann und einem Chef führt man nun mal kein selbstbestimmtes Leben. Aber wen willst du dafür verantwortlich machen, dass du in die Wechseljahre kommst? Das macht dich noch wütender, insbesondere auf dich selbst.

Wie zum Beispiel diese anonyme Frau, die mir schrieb: »Zurzeit bin auch gegen mich und andere aggressiv und doch hilflos, weiß nicht, wie ich mich in den Griff kriegen soll, war ich doch sonst ein so entschlossener Mensch, der für alle einen Rat hatte und für mich habe ich nichts. Was danach kommt, muss aber besser sein als jetzt.«

Genau. Dann stehst du vor dem Spiegel und geißelst dich, weil du über Weihnachten wieder zwei Kilo zugenommen hast. Also ziehst du dich mit deinem Elend zurück. Und das ist gut so. Denn bis jetzt läuft alles normal. Gestatte dir zu weinen, Depressionen zu haben, zu trauern. Ohne diese Trauer wirst du nie neugeboren werden, sondern im Herzen ein Teenager bleiben.

Dann kommt die Phase der Verwirrung. Du weißt nicht, ob das, was da auf dich zukommt, das Licht am Ende des Tunnels ist oder der ICE, der auf dich zurast. Du suchst nach einer Möglichkeit zu überleben, aber die richtige will dir nicht einfallen.

Und dann, eines Tages, hast du dich damit abgefunden. Du hast dich an dein neues Gesicht, an deine neue Einstellung und an die neue Stellung in der Gesellschaft gewöhnt. Eines schönen Morgens wirst du aufwachen, die Vögel singen hören und du weißt, du hast überlebt und von jetzt an geht es aufwärts. Du wirst wie eh und je aus dem Bett springen und dich auf den Tag vorbereiten. Aber jetzt weißt du, dass es ein schöner Tag werden wird, einer auf den du dich freust, weil du wieder ein Ziel hast. Und du bist in der Lage, diesen Tag zu genießen, denn du hast verstanden, dass jeder Tag kostbar ist und du einfach keine Zeit mehr hast, ihn mit düsteren Gedanken zu verschwenden.

Schmetterlinge sind frei

Du glaubst, jetzt bist du geheilt. Aber das stimmt nicht. Wechseljahre sind keine Krankheit, von der man geheilt werden kann. Dein ganzes emotionales und hormonelles Chaos ist schlicht und ergreifend normal. So normal wie Clerasil in der Pubertät oder Haarwuchsmittel im Bad des erwachsenen Mannes. Im Gegensatz zu Pickeln (wofür die gut sein sollen, weiß ich bis heute nicht) und mit Haaren verstopften Abflüssen (gegen die nur eine geballte Ladung Chemie hilft) sind Wechseljahre aber eine Chance, die es zu nutzen gilt. Sie sind die Voraussetzung für ein reiches, erfülltes Frauenleben, das du in den nächsten fünfundzwanzig Jahren auch weiterhin führen wirst.

Auch wenn diese Phase unseres Lebens sowohl physisch als auch psychisch Schmerzen verursachen kann, und das bei den meisten Frauen – ob sie es zugeben oder nicht – auch tut, ist es doch eine ganz normale Phase des Umbruchs. Oder glaubst du, dass ein Schmetterling, der sich entpuppt, dabei keine Schmerzen hat? Wenn er sich aber endlich von der störenden Hülse, die seine Flügel einengt, befreit hat, dann ist er frei und kann fliegen, wohin er will.

Jetzt bist du frei. Frei von den einengenden Gedanken, von den Ansprüchen der Gesellschaft, denen du zu entsprechen hattest, ob es dir passte oder nicht. Frei davon, jedem immer gefallen zu müssen. Frei, endlich deinen Weg zu gehen, ohne auf deine Kinder oder deine Karriere oder auf einen Mann Rücksicht nehmen zu müssen.

Zuhören lernen

Unser Körper gibt uns den Anstoß, jetzt, heute, Tag und Nacht über uns, unser Leben und unsere Zukunft nachzudenken. Dafür sollten wir dankbar sein und unserem Körper ab und zu mal was Gutes tun.

Das fängt sicher damit an, dass wir dem zuhören, was unser Körper uns so sagt.

Letztes Jahr hat sich eine Freundin von mir böse am Fuß verletzt. Da sie sich natürlich nicht eingestehen wollte, dass irgendwas mit ihrem Fuß nicht in Ordnung ist (obwohl das Teil auf die dreifache Größe angeschwollen und dunkelblau war), ist sie munter gelaufen, hat zunächst jeden Arztbesuch verweigert und einen fünfstündigen Empfang durchgestanden. Zur Strafe musste sie dann ein paar Wochen an Krücken durch die Gegend humpeln. Seitdem weiß sie, dass es Glück ist, zwei gesunde Beine zu haben.

Wenn du dich also wieder mal überschlagen willst und dabei hinfällst, bleibe einfach liegen. Gönne dir eine Pause!

Du wirst von alleine aufhören zu rauchen, wenn du einmal umgekippt bist. Und keinen Alkohol trinken, wenn du eine Leberentzündung hast. Und dich bewegen, wenn du Arthritis bekommst.

Obwohl uns ein bisschen Bewegung in unserem Alter auch ohne Arthritis überhaupt nicht schaden kann. Aber die Hauptsache an jeder Betätigung ist, dass sie deiner Seele gut tut. Denn eine Diät, unter der du leidest, schadet deiner Seele. Und wenn die Schaden nimmt, dann nimmt auch deine Gesundheit Schaden.

Fitness ist natürlich Klasse. Ich sehe dich vor mir: Du, in ein hautenges neonlila Helancatricot (oder heißt das jetzt anders?) gehüllt, Schweißband um Handgelenk und Stirn und mit quer geringelten Kniestrümpfen zur Erwärmung der Wadenmuskulatur. In diesem sündhaft teuren Frauenfitnesscenter versuchst du, energisch und schweißtreibend, deinen drei Kilo zuviel und der beginnenden Verkalkung deiner Gelenke den Garaus zu machen. Bitte achte darauf, dass dein Fitnesscenter nicht über die gesamte Straßenfront verglast ist. Das steigert zwar deren Umsatz, trägt aber nicht nur zur Stärkung deiner Oberarmmuskulatur, sondern auch zur Kräftigung der Lachmuskulatur der Passanten bei. Wenn du mir nicht glaubst, dann zieh' dir mal ein Fitnessvideo rein. Das erste Mal, dass ich über Jane Fonda herzlich lachen konnte!

Schwimmen, Spazieren gehen, Rad fahren, ein bisschen Sport helfen, die müden Gebeine in Schwung zu halten. Ab und zu eine Reinigung von innen (ob mit Schroth-Kur, Null-Diät oder Obsttag ist egal) kann, gemeinsam mit einer guten Freundin genossen, eine herrliche Erfrischung sein.

Aber bitte, versprich mir eins: Werde nicht gleich so eine verbissene Gesundheitsfanatikerin, deren einziger Lebensinhalt das Vermeiden angeblicher Krankmacher ist. Damit hast du mindestens noch fünfundzwanzig Jahre Zeit. Und wie man das richtig macht, wirst du dann in einem Buch von mir lesen. Versprochen!

Danke!

Ein herzliches Dankeschön an meine begnadeten Testleserinnen. An Manuela Gerhard, der besten Mitarbeiterin, die ich je hatte. An Gitti Biermann, ohne deren Tipps ich nie mehr als 100 Seiten zusammengekriegt hätte. An Maria Kaiser, meine ältere und schon klüger gewordene Freundin. An Dr. Barbara Falley, die mich nicht nur mit Hormonpflastern, sondern auch mit Sekundärliteratur ausgestattet hat.

Ein besonderes Dankeschön verdient mein Ehemann Reinhard, der mir mit Geduld und Humor die männliche Wahrnehmung vermittelt hat. Wir haben unzählige Abende bei unserem Italiener unter der Regie von Pinot Grigio über dieses Thema diskutiert und oft Tränen gelacht. Mille gracie für die Geduld der besten Ober der Welt: Daniele, Michèl und Silvano.

Danke an meinen Partner Michael Klatt, ohne den mein Manuskript immer noch auf der Festplatte schlummern würde.

Danke, thank you, merci an Dr. Sabine Cremer und die in aller Welt sitzenden Besucher der virtuellen Kneipe Mailenstein. Mac! Lokalrunde!

Grübeln Sie noch oder leben Sie schon?